中國史話
三朝上演的
》》》皇權沉浮
獨步天下的蒙古帝國
氣吞華宇的明朝帝都
濃墨重彩的康乾盛世
揭開繁盛華錦的蒙古詩篇
起航波瀾壯闊的明代巨輪
透視盛極而衰的清宮末路
5

本書是根據CCTV10教科文行動「中國史話」編纂而成，大致依編年的方式講述中國的歷史，透過考古的發掘，述說不爲人知的傳奇與奧妙，中華文明的歷史遺存，在專家學者巨細靡遺抽絲剝繭的努力之下，伴隨著連連的驚嘆聲中一一呈現眼前，歷史殘存的片段獲得合理印證與連結，展現出中華歷史燦爛輝煌的廣度與深度。全書共分爲六冊：

(1)尋找失落的歷史年表

《石器時代、夏、商、西周》(170萬年前～西元前771)

中華文明的歷史遺存，考證遠古人類的生存方式。

慷慨萬千的斷代工程，解讀夏商周的歷史年表。

嘆爲觀止的考古發掘，述說不爲人知的傳奇與奧妙。

本書共分四章，內容包括：文明初始、尋找失落的年表、三星堆、殷墟婦好墓。

這裏有中華文明的歷史遺存、慷慨萬千的斷代工程、嘆爲觀止的考古發掘，本書爲讀者考證遠古人類的生存方式、解讀夏商周的歷史年表、述說不爲人知的傳奇與奧妙。

(2)唇槍舌戰的春秋時代

《東周、春秋戰國》(西元前770～西元前222)

捨我其誰的熱血男兒，探究鐵馬金戈的戰國遺跡。

獨領風騷的思想巨人，追尋萬古流芳的諸子百家。

一曲難在的妙曼天音，開啓色彩斑斕的曾侯乙墓。

本書分西周和春秋戰國和曾侯乙墓兩部分。內容包括：封建王朝的開端、制禮作樂與由神及人、競爭與動盪紛雜的歷史、隱者和道家等。

(3)氣吞山河的雄奇帝國

《秦、兩漢三國、魏晉南北朝》(西元前359～西元573)

曇花一現的鐵血軍團，親歷橫掃天下的大秦帝國。

風雲際會的兩漢王朝，撫摸魅力永駐的雲岡龍門。

群雄爭霸的三國鼎立，再現白衣飄然的魏晉風度。

本書共分五章，內容包括：秦帝國、兩漢三國、金縷玉衣、魏晉風度、石刻上的歷史。您可以領略曇花一現的鐵血軍團、風雲際會的兩漢王朝、群雄爭霸的三國鼎立，亦可親歷橫掃天下的大秦帝國、撫摸魅力永駐的雲岡龍門， 書中再現了白衣飄然的魏晉風度。

(4)塵封不住的絢麗王朝

《隋唐、兩宋、五代十國(遼、西夏、金)》

(西元581～西元1206)

風華絕代的隋唐氣象，領略繽紛瑰寶的盛世繁華。

一枝獨秀的兩宋雲煙，品味錦上添花的兩宋芳澤。

塵封千載的西夏往事，探尋黃沙深處的王朝蹤影。

本書共分八章，內容包括：隋朝業績、虞弘墓、盛唐氣象、大唐遺風、五代與遼文化、汴京夢華、錦繡江南、西夏王朝。書中涵蓋風華絕代的隋唐氣象，一枝獨秀的兩宋雲煙，塵封千載的西夏往事，可以領略繽紛瑰寶的大唐繁華，品味錦上添花的兩宋芳澤，探尋黃沙深處的王朝蹤影。

(5)三朝上演的皇權沉浮

《元、明、清》(西元1206～西元1842)

獨步天下的蒙古帝國，揭開繁盛華錦的蒙古詩篇。

氣吞華宇的明朝帝都，起航波瀾壯闊的明代巨輪。

濃墨重彩的康乾盛世，透視盛極而衰的清宮末路。

本書共分六章，內容包括：元朝風韻、明朝興起、康乾盛世、避暑山莊、文化劫掠、近代鐵路。

通過本書您可以了解縱橫四海的蒙古帝國、氣吞華宇的明朝帝都、濃墨重彩的康乾盛世，您可以綜覽氣象萬千的元朝風韻、起航大氣磅礴的明代巨輪，可以透視盛極而衰的清宮末路。

(6)吶喊聲中的圖强變革

《清末、民初》(西元1900～西元1919)

暮鼓晨鐘的血雨腥風，展示庚子事變的翻天覆地。

席捲神州的覺醒奮發，重現覺醒者們的生死豪情，描繪勵精圖治的少年中國。

本書分為庚子事變和記憶百年兩部分。主要內容包括：庚子事變的眞相、清軍和義和團對東交民巷的圍攻、聯軍攻進了北京城、孫中山革命、清帝遜位、民國成立。

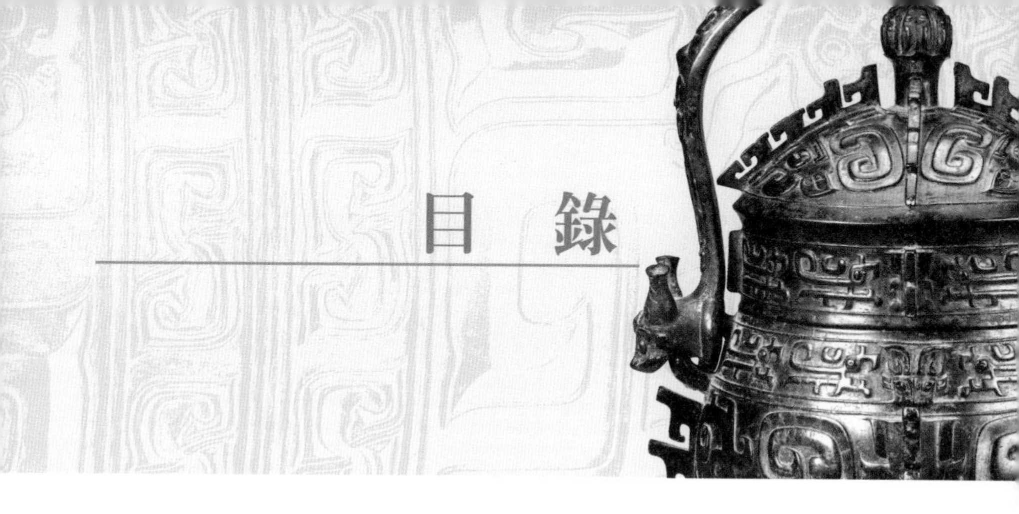

目錄

第一章　元朝風韻 / 008

第二章　明朝興起 / 046

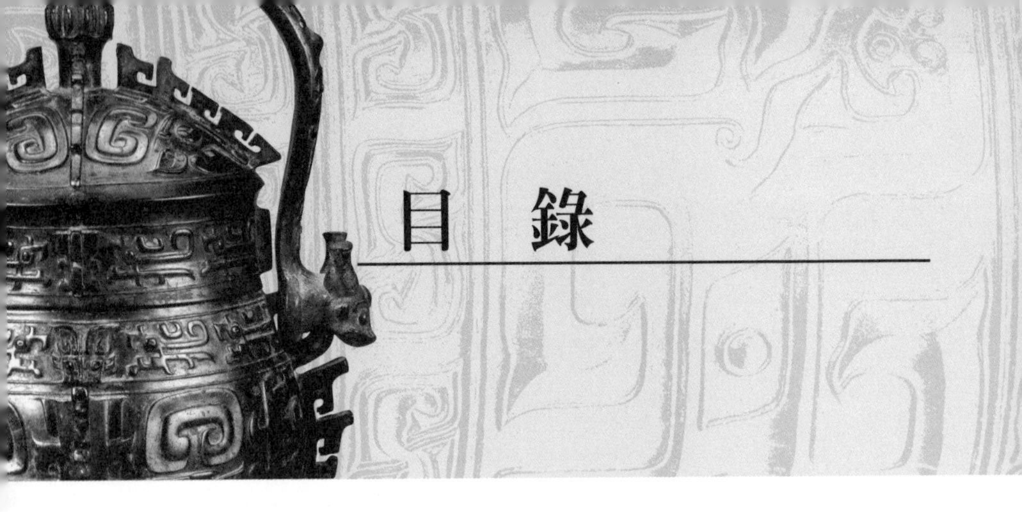

目錄

第三章　康乾盛世／101

第四章　避暑山莊／114

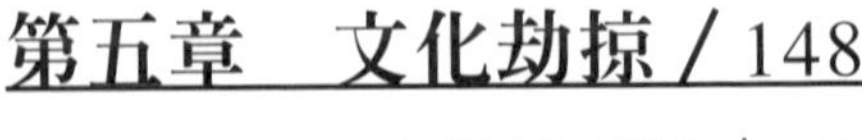

第五章　文化劫掠／148

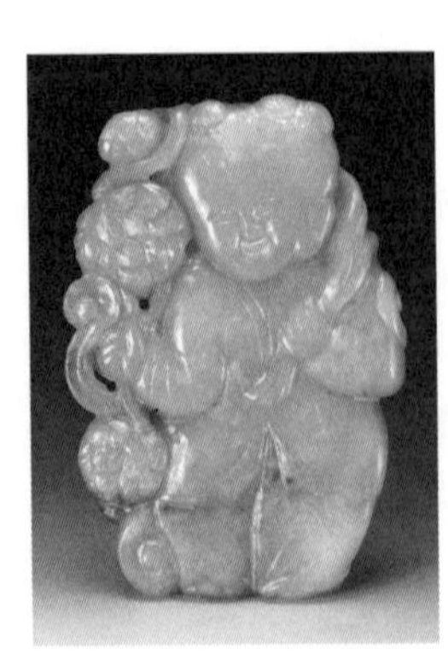

第六章　近代鐵路／176

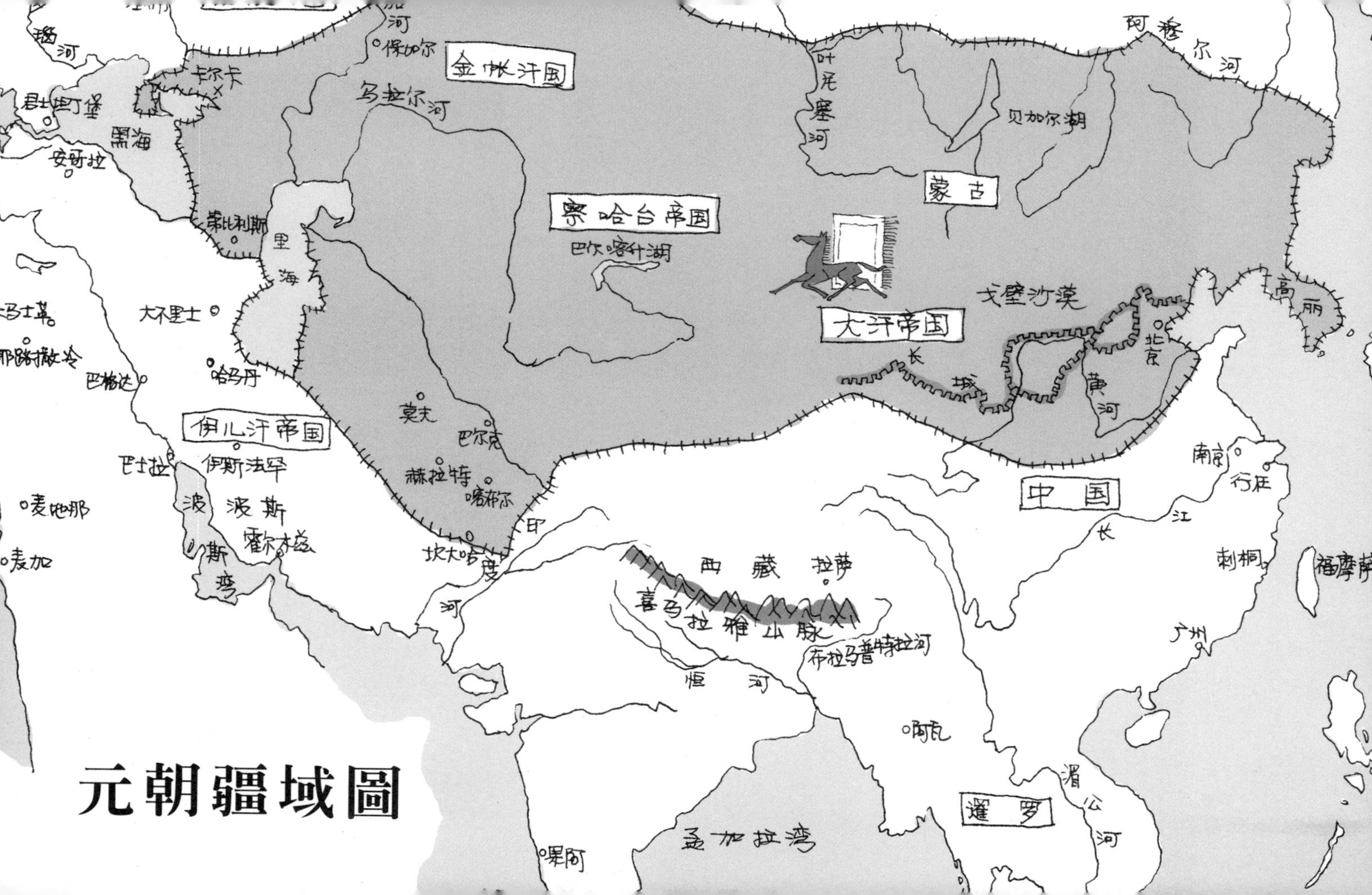
元朝疆域圖
金帐汗国
察哈台帝国
大汗帝国
伊儿汗帝国
蒙古
中国
暹罗
西藏
戈壁沙漠
长城
北京
高丽
黄河
贝加尔湖
叶尼塞河
阿穆尔河
巴尔喀什湖
乌拉尔河
保加尔
萨尔卡
君士坦丁堡
黑海
安哥拉
第比利斯
里海
大不里士
哈马丹
巴格达
莫夫
巴尔克
赫拉特
喀布尔
伊斯法罕
巴士拉
波斯
波斯湾
霍尔木兹
坎大哈
印度河
麦地那
麦加
耶路撒冷
喜马拉雅山脉
拉萨
布拉马普特拉河
恒河
阿瓦
孟加拉湾
果阿
湄公河
南京
行在
长江
刺桐
福摩萨
广州

西元1206年 ›››› 西元1368年

第一章 元朝風韻

在內蒙古自治區南部的涼城，一九九〇年一場暴雨導致了一次很大的山崩。山崩後，這裏的山坡上出現了六座墓穴，墓穴被確認為元代貴族的墳墓。其中一座墓已在這裏沉睡了約七百年之久，墓穴損壞嚴重，墓內已有多處倒塌，墓主的遺骨散亂地堆放著。從這裏的墓中出土了反映曾統治過中國的元代貴族生活的鮮豔壁畫。二米長的壁畫描繪的是宴會的情景，在家人和傭人中間坐著的是主人。主人身著的鞋和衣、帽都是蒙古族的裝扮。

<1> 前所未有的東西方文化交流時代

內蒙古涼城發現的元朝貴族墓出土的壁畫

成吉思汗像

忽必烈像

西元十三世紀初，在南宋與金時戰時和的爭鬥中，北方草原的游牧民族蒙古族急速擴展了其軍事力量。蒙古在一瞬間，急風暴雨般地將東起黃河流域，西至多瑙河流域的廣大區域捲入了戰爭之中。不久，蒙古以強有力的騎兵軍團爲後盾，建立了一個跨越歐亞大陸的強大帝國。

締造了蒙古帝國的偉人是成吉思汗。成吉思汗在激烈的內部鬥爭中取勝，成了蒙古草原的霸主。西元一二一九年，成吉思汗開始了

元朝景德鎮出產的青白釉加漆描金釋迦牟尼佛坐像

大規模的西征，他首先征服了中亞的伊斯蘭教王國，爲走向世界帝國打下了基礎。之後，蒙古軍又滅了西夏。成吉思汗在征服西夏後不久便離開了人世，世界帝國之偉業寄託給了他的後代。

成吉思汗之孫是忽必烈。忽必烈於西元一二六〇年作爲蒙古帝國的繼承人成了第五代皇帝。席捲了歐亞大陸的蒙古，在滅金之後，開始了與南宋的直接對峙。西元一二七一年國號改爲元。忽必烈於西元一二七九年將南宋征服，首次以游牧民族統一了中國。元代最盛時期，其領土遍及了從中國東北到俄羅斯南部的東西一萬多公里的廣闊空間，爲東西文化交流帶來了一個前所未有的昌盛時代。

你是否想過，今天北京城裏車水馬龍的什刹海、積水潭一帶，在元代是全國最繁華的一個水路碼頭。當時這片水面比現今的什刹海三海還大，停泊著自江南來的漕船。爲什麼在北京城會有如此大規模的水路碼頭，其原因就是忽必烈把都城定在北京，這種遷移的背後有一個重要問題日益突出，這就是都城的糧食供給問題。忽必烈定都北京更多是從政治和軍事上考慮，進可以俯視中原，退可以撤回大漠。但北京附近的地區不足以養活如此龐大的都城人口，於是，漕運將江南豐富的糧食源源不斷地運到元大都，成爲一國之都的命脈。

《元世祖出獵圖》局部

《元世祖出獵圖》局部

故宮博物院收藏的青花鴛鴦蓮花大盤

故宮博物院收藏的青花鴛鴦蓮花大盤上的圖案

幸運的是，早在隋朝，隋煬帝已經把大運河的北端修到了涿郡，也就是今天北京通州的位置。那時候，江南豐美的物產就隨著這條河源源不斷地運往北方。忽必烈深知運河對都城的重要，建都後很快重修了隋大運河，大運河在江蘇淮陰處取直，不再繞行中原，使從江南運糧到大都的路程縮短了近一千公里。然而，當漕船航行千里到通州以後，進入城區的河道經常遇淺不能行舟，如何將糧餉運進大都城又成了難題。就是這短短五十多里路成了漕運的最後一塊絆腳石。北京城萬壽寺附近保留的唯一一處元代水利工程遺址——廣源閘，見證了開通入城運河的巨大成功。當

歷·史·典·故

成吉思汗的長眠地

內蒙古自治區伊克昭盟伊金霍洛旗的甘德爾敖包，坐落著成吉思汗陵園，可是這座宏偉的陵園裏只有成吉思汗的靈柩而無遺體，那麼一代天驕長眠在哪裏呢？

據說，成吉思汗親征西夏時，在木納山口正要策馬疾馳，忽馬鞭墜落地上，令人有不祥之感。成吉思汗環顧左右，發現此處風景絕佳，是梅花鹿棲息之地，白髮老人頤養之邦。便說：「我死以後，葬於此地。」沒想到這一年，成吉思汗果然病逝。靈車經過此地時，車輪陷在泥坑中，無法前進，隨從們才想起成吉思汗所說過的話。經過討論，決定仍將大汗遺體運回漠北，葬於草原，並按蒙古人習俗，其墓不築土堆，而令群馬踏平，但把大汗的靴襪、弓箭等物品葬在木納山口處。

中·外·名·人

■忽必烈

（一二一五—一二九四）元世祖。統一全國，建立中央集權的統一的多民族國家。重農桑，發展工商業，開運河，發展交通。創國字（八思巴文），對外開放。

■帖木兒

（Timur，一三三六—一四〇三）以成吉思汗霸業的繼承人自詡，組成軍隊，東征西討，建起東起印度河，西至小亞細亞，北瀕黑海，南達波斯灣的龐大帝國。

時的功臣就是大科學家郭守敬，郭守敬設計了一條獨具匠心的路線，將今天北京昌平的泉水引流繞開一片低窪地帶，輾轉引到了高處。一路匯集的泉水經過甕山泊，就是今天的昆明湖，流入大都城內的積水潭再東行，至通州與京杭大運河融爲一體。這樣一來，南方來的各種漕船就可以沿著運河直接駛入積水潭，積水潭成了大運河北端的終點。魚米之鄉的糧餉、百貨被裝載在數不清的漕船上，沿著這條中國都城的經濟命脈，緩緩地駛向元大都。

❶ **大運河地圖** 紅色的為隋煬帝所建，藍色的為忽必烈修建

❷ **廣源閘**

❸ **郭守敬像**

《元世祖出獵圖》是滅亡南宋後的第二年，劉貫道受忽必烈之命所繪的一幅著名畫作。大都郊外有許多皇帝專用的獵場，在娛樂中的皇帝身邊，可以看到各民族的形象。身著毛皮服裝的皇帝顯示出游牧民族的姿態。從他的表情當中，可以看到身居世界帝國之首的自信和充裕。在這個時代，以阿拉伯爲首的西域科學技術也傳到了中國。與中國傳統的科學技術相結合，展現了新的發展態勢。被稱之爲「青花瓷」的瓷器就是一個很好的例證。故宮博物院收藏的青花鴛鴦蓮花大盤直徑六十釐米，所運用的是劃時代的青花技術。故宮博物院的另一件藏品——青花釉裏紅蓋罐，釉裏紅是以銅爲顏料燒出的。在同一器物上，使「青花」的

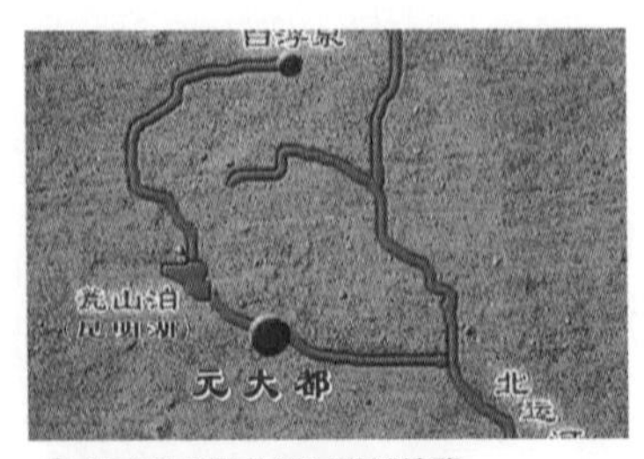

郭守敬設計的運河進城線路

青色和「釉裏紅」的紅色發出同樣的美麗色彩，這是一項極其複雜的工藝。器物側面的透雕紋樣，也是運用了非凡的手工技術，蓋罐上描繪的蓮花紋樣可以看出它受佛教的影響。元代孕育出的這種青花瓷器是獨具魅力的。

《元世祖出獵圖》局部

故宮博物院收藏青花釉裏紅蓋罐

故宮博物院收藏青花釉裏紅蓋罐上的圖案

生產這種青花瓷的是江西景德鎮，至今聞名於世界的景德鎮是中國首屈一指的陶瓷生產地，這裏至今依然有運用傳統手法生產青花瓷器的工廠。青花的秘密在於它的製作過程。燒製前先畫上含有鈷藍的顏料，素胎沒有淺燒工序，只將素胎晾乾，在脆弱易壞的表面直接描繪紋樣。完成上述作業後，上一層釉藥，青花技術的劃時代性也就在於此。在窯內用高溫燒製後，素胎表層的釉藥成爲透明的玻璃狀，使釉藥下層的鈷藍顏色呈現出一種美麗鮮豔的青色。

青花鳳紋壺

故宮博物院收藏青花釉裏紅蓋罐細部圖案

元代青花瓷器特有的鮮豔色彩，被認爲是與西亞傳來的鈷藍顏料有關。中國科學院上海矽酸鹽研究所對元代青花的顏料進行了分析。切斷古瓷片，將素胎部分與顏料部分分離，從素胎上削下顏料，將碎片標本加以分析，測出其含有的元素。從連通的電腦顯示中得到分析結果，顏料的鈷藍化合物中，錳的佔有量不多，並含有一定量的砷，通過分析我們得知，元代青花的顏料產地在現在的伊拉克一帶。

元代的一件珍貴文物——青花鳳紋壺，其造型受到了來自阿拉伯的影響。壺身卻帶有中國傳統的鳳凰紋樣，它巧妙地將中外不同的藝術形式融合為一體。青花瓷不久就成為中國陶瓷的主流。

<2> 忽必烈與蒙元帝國

河南省登封的元代觀星台遺址

元代簡儀

忽必烈在建立國家經濟的基礎時，採取了重視農業的經濟策略。為了提高農業產量，準確的年曆是必不可少的。忽必烈頒布了製作新年曆的命令。

在河南省登封的元代觀星台遺址，當地專家再現了當時的天體測驗法。這是一種利用太陽光線，被稱作測影法的天體測驗活動。先從觀星臺上垂下一個鉛垂，在鉛垂的陰影中確定測量基點，待正午太陽面向正南方向時，測量設置在石臺上的標桿陰影。對陰影的長度進行細緻的記錄。通過觀測結果，算出準確的夏至、冬至等季節日期，再將春分、秋分等二十四個節氣加以推算。計算準確的年曆是和確認夏至、冬至時

元代簡儀局部

陝西省出土的元代俑

元代俑 蒙古人

青花瓷的製作 往繪製好圖案的素胎上噴製釉藥

太陽的準確位置分不開的。這種裝置可以從南京紫金山天文臺中看到。元代發明的簡儀，可以簡便地觀測天體的準確位置。在明朝時，曾有人將元代的簡儀復原製

天·工·開·物

圭表

用以測度冬至與夏至時日影的長短以確定太陽回歸年長度的一種古老天文儀錶。歷代制曆無不以它求得一年長度的基本資料。石圭居於子午線方向，圭面中心和兩旁均有刻度以測量影長。根據臺上橫樑在石圭上投影的長短變化，確定春分、夏至、秋分、冬至，劃分四季。用圭表測影有個難以解決的矛盾，即表低影短，則實而清，可求得的資料誤差大，表高影則長，誤差也小，可日影虛而淡，不便觀測。故歷代表高不過八尺，郭守敬大膽革新將表高加到四十尺，得到的日光投影長而實，測得的資料精密程度也大大提高了。

景符

郭守敬創制。即用一個寬二寸、長四寸的銅葉，上面穿小孔，放於支架上在圭面上來回移動，利用小孔成像的原理，把太陽和表橫樑經過景符小孔清晰實在、細若髮絲地投影在圭面上。當樑影平分日像時，即可度量日影長度。測影時將景符在圭面上移動，令銅葉面與陽光垂直，又令高表橫樑的影子正好平分米粒大小的太陽像圓面，此時橫樑影子所指處，就是四丈高表的影長。

歷·史·名·人

■關漢卿

（約一二二〇—約一三〇〇）元代戲劇家。元曲「本色派」的代表。所作雜劇以《拜月亭》、《竇娥冤》等著名。與馬致遠、白樸、鄭光祖爲元曲四大家。

■威蘭諾萬的阿那德

（Arnauld de Ville-neuve，約一二四〇—一三一一）歐洲煉金術士。兼通醫學。一生充滿波折和奇遇。是蒸餾術的發明者。著作《哲學家的花壇》流傳甚廣。

作。在夜間以北極星爲基準，來確定簡儀的位置。以北極星爲基準的這種觀測法，把握了準確的天體動向。而簡儀的結構則被認爲是受到了阿拉伯天文學的影響。在《元史·曆志一》中記載了一部當時關於天文曆法的重要文獻──《授時曆》。《授時曆》是那個時代的科學技術所孕育出來的重要曆法。一年的長度爲365.2425日，這個記載比西方的《格列高利曆》要早三百年。

元代俑 伊斯蘭商人

元代俑 漢人

元代俑 南人

忽必烈修建的元大都有著周密的城市規劃，上下水道俱全的這一大都城可稱爲科學技術的結晶。元代統治者爲加強統治，實行了嚴格的等級制度。

陝西省出土的元代俑就如實地反映了元代社會新的身分制度。置於社會頂點的是處於統治階層的蒙古人，但是處於中國社會各等級之上的蒙古族只有百萬人口，佔當時人口的1.5%。身居蒙古族之下的那些人，即第二等級，被稱爲色目人，大都是來自西域的伊斯蘭商人，擅長財務的伊斯蘭商人們主要管理抽稅，其人口比例與蒙古族相差不多。被劃爲第三等的，是居住在昔日的金國區域的人，人口約一千萬，被稱作

「漢人」，包括契丹及女眞等北方民族。元代社會最底層的是居住在江南的漢族人民，被稱作「南人」，他們的人口比例爲總人口的86％，人口約六千萬。

在收集了元代法律的重要文獻《元典章》中，典型地顯示了當時的蒙古人與漢人之間的關係。即便蒙人打了漢人，也不容許漢人還手打蒙人。這裏所指的「漢人」，也包括所謂的「南人」。即便是打獵，也絕對不許漢人攜帶武器。《元典章》中明文規定了對漢人的這種不平等待遇。

<3> 趙孟頫與文天祥截然不同的人生道路

在浙江省的湖州，曾有過一位選擇了與文天祥截然不同道路的文人，他就是趙孟頫。趙孟頫是北宋王朝太祖皇帝嫡系的第十一代孫。南宋滅亡後，忽必烈爲了統治江南，大力籠絡優秀人才，他首先看中的就是趙孟頫。趙孟頫奉命進大

趙孟頫像

»»» 天·工·開·物 »»»

玲瓏儀

這是一中空圓球，用半透明材料製成。圓球面上繪有縱橫交錯的赤道座標網格，網格的交叉點均鑿有小孔；又繪有星官的位置，亦鑿出小孔。圓球在機械裝置的驅動下，可繞極軸自動旋轉，且與天體的轉動同步。人居於圓球中心觀測太陽或月亮，可以由座標網格直接讀得它們的赤道座標值，即玲瓏儀可用於測量日、月的位置，同時它又相當於假天儀，具有演示天象的功能。因其雕鏤精巧，得名玲瓏儀，現原物已失。

窺几

郭守敬創制。其形制類似於几案，在几面的正中開一長方形的缺口，與缺口相垂直裝有兩根中間帶有刀口的小木條。夜間觀測時，將窺几置於高表圭面上，沿南北方向移動，觀測者位於窺几下，通過缺口移動几面上的兩根小木條，令它們的刀口分別與高表橫樑的上、下邊緣同所觀測的天體處於一條直線上。然後，在几面上取這兩根小木條所處位置的中點，由鉛垂線讀取圭面上的圭長值，再用一定的數學方法便可求出天體南中天時的地平高度值。

《人騎圖》

都是在他三十三歲的時候，在宮廷內維持漢族傳統文化乃是他的打算。西元一二八六年冬，趙孟頫啓程前往大都，趙孟頫一開始就被委以起草聖旨的要職。趙孟頫懲治那些亂抽稅謀私刑的色目大臣，是位有著正義感的政治家。但因有著宋王朝官吏的烙印，趙孟頫在朝廷中常常處於孤立的困境。從描寫宮廷生活的詩句中，我們可以知道趙孟頫當時的心情。趙孟頫曾寫下一首送別友人回江南的詩句：「社燕秋鴻各自飛，我來君去兩相違」。詩中表現了他身處困境又不得不與知心的友人分別的無奈，吐露了趙孟頫孤獨的心情。趙孟頫曾經臨摹了書聖王羲之的《裏帖》，書聖王羲之成爲趙孟頫心中的目標。他的這種心情也在無形中保護了漢民族連綿不斷的文化。在藝術創作中，趙孟頫認識到書與畫之間有著相互溝通的關係。

趙孟頫四十二歲時創作了《鵲華秋色圖》。趙孟頫在這幅畫裏運用了唐代山水畫特有的清淡色彩，試圖從先人的繪畫中尋求漢民族的自尊心。對趙孟頫來說，繪畫已成爲表現文人理想的手段。若用詩句無法表達胸中情感的話，就把它變爲書變爲畫來表達。這也是文人們所嚮往的境界。趙孟頫在從命於元朝廷的同時，以描繪自身的內心爲主題開闢了一個嶄新的文人畫的世界。《福神觀記》是象徵道教寺院吉祥的作品。在《福神觀記》的尾部，記載著趙孟頫已升爲文官最高的翰林學士，作爲元代的漢人來說，這是一個破格的待遇。趙孟頫四十六歲時創作了一副描繪他自己孤獨地在竹林中行走的繪畫。趙孟頫當時處境惡劣，在朝廷中遭蒙古人和色目人的算計，在故鄉則被視爲漢奸。趙孟頫六十七歲時返回了江南的故鄉，在三十四年的爲官之路上，伴隨著他的始終是深沉的孤獨。趙孟頫在孤獨感中孕育出來的文人畫的世界，在嚴格的身分制度裏，被失去機遇的文人們所繼承。

<4> 黃公望成爲文人畫的代表人物

《錄鬼簿》裏記錄了活躍在元代的劇作家們的作品及其經歷，黃公望就是一位失去機遇而走入戲劇界的文人。「長詞」是

天·工·開·物

《測圓海鏡》

西元一二四八年，李冶所著。是第一部系統論述「天元術」的著作，在數學史上是一項傑出的成果。這種布列求解一元高次方程的一般方法「天元術」，後又被朱世傑在十四世紀推廣到二元、三元和四元的高次聯立方程組，名曰「四元術」，錄於《四元玉鑒》(一三〇三年) 之中。在《測圓海鏡·序》中，李冶批判了輕視科學實踐，以數學爲「九九賤技」、「玩物喪志」等謬論。

七應

圍繞新曆法曆元的設置，郭守敬進行了十分精細的、眾多的測量工作，得到了所謂「七應」值，它們分別是氣應、轉應、閏應、交應、周應、合應、曆應。「七應」值實際上是指十五種天文資料與曆元年冬至時刻 (或冬至點) 間的時距 (或度距)，它們都以大量的觀測資料爲依據，構成了一系列相關的曆法問題計算的起算點群組，爲以實測曆元替代傳統曆法的上元積年法的構想準備了必要的條件。從「七應」的精度看，大多數爲歷代同類測量的佳値或最佳値，這說明郭守敬的天文觀測工作是相當精細的，它使上述構想成功地得到實現。

歷·史·名·人

■耶律楚材

(一一九〇—一二四三) 元代政治家。遼宗室。元太祖時爲相，歷事兩朝，改革蒙古陋風，提出一系列有利於中原經濟發展的政策措施。著有《湛然居士集》等。

■約翰·鄧斯·司各特

(Johnnes Duns Scotus，約一二七〇—一三〇八) 蘇格蘭經院哲學家，神學家。主張哲學應獨立於神學。他的學說被稱爲司各特主義。著有《巴黎論著》、《牛津論著》等。

↑《福神觀記》局部

←《茅亭松籟圖》

繪自己孤獨的在竹林中行走的繪畫

《鵲華秋色圖》

《江村漁樂圖》

戲劇中延長的歌的稱呼，黃公望以寫長詞而著名。

黃公望幼年時被稱為江南的神童，但年過四十歲以後，才勉強當上了小官吏，不久又蒙冤入獄。在失去一切前途後，黃公望以算命寫歌糊口。出自黃公望之手的《九峰雪霽圖》描繪的是雪山間的一瞬間晴天的景色。黃公望拜元朝宮廷文人趙孟頫為師，直接從趙孟頫那裏領受繪畫的技巧。而黃公望正式投入到繪畫世界時已年過五旬，靠算命寫歌謀生的黃公望，七十九歲時，隱居於濃綠的江南深山之中，浙江省富陽是黃公望度過晚年的地方。

黃公望像

《九峰雪霽圖》

《九峰雪霽圖》局部

浙江省的富春江風景秀麗迷人，據說人們經常可以在江邊看到黃公望。每當黃公望看到如意的景色時，便將其繪下。沿著江邊展現出的風景，不久變成了一卷水墨畫，它就是燦爛地展現在中國繪畫史上的一大傑作——《富春山居圖》。《富春山居圖》是黃公望在晚年花費了三年心血繪製出的大作，這幅畫描繪了秀麗的山河，是他巧妙地運用水墨的濃淡線條和靈活的筆峰以及古典作品中的各種筆法的恰當表現。人們對《富春山居圖》展現五種墨的色彩予以稱讚，即便是描寫一石一木也不被筆墨所拘束。自由地對精神加以表現的文人畫，是黃公望畢生追求的藝術境界，山水畫的傳統就是這樣在失去了機遇的文人手中得到了發展。

浙江省博物館收藏著與《富春山居圖》同名的另一幅畫，據傳說這兩幅畫原本是一幅畫。在西元十七世紀中葉，收藏《富春山居圖》的人留下遺囑，聲稱自己死時，要連同這張畫一起燒掉，唯恐失去此畫的家人，將燒著了的《富春山居圖》搶救了出來，這幅畫開頭的部分因被火燒而截掉了，以後《富春山居圖》成爲兩幅繪畫流傳於世。

年過八旬的黃公望用盡最後的力量在西元一三五〇年完成了這幅《富春山居圖》，此時的元朝統治已有所衰退，各地不斷掀起起義的浪潮。江南的農民起義使元朝在西元一三六八年滅亡。《元史順帝本紀》對王朝最後的記載十分簡略，「至夜半，開建德門北奔」，蒙古人從中原又回到了北方。曾經統治了中國社會的元朝，在醞釀了華麗文化的同時，也使漢族文人感到了某種程度的壓抑，而文人們試圖從中華文明的傳統中找出自己生存的道路。

在文人畫興起的時代，傑出畫家倪瓚創作出了《幽澗寒松圖》。倪瓚出生於大地主家庭，他放棄了一切而離家漂遊，他所尋求的是不被名譽、利益所煩惱的一顆純潔的心。倪瓚在有著極強透明感的畫面

天·工·開·物

《算學啓蒙》

元代數學家朱世傑一二九九年所著，共三卷。是當時一部較有影響的啓蒙數學書，內容有四則運算，開方法以及應用「天元術」來解決代數問題等，其中關於級數論等理論，都是非常卓越的科學成就。該書曾流傳到日本和朝鮮。現存的《算學啓蒙》就是根據一六六〇年朝鮮刻本於一八三九年翻刻的。

招差法

這是中國古代的一種計算方法，相當於今二次內插公式。它的發展與古代天文學的發展緊密相關。最初，中國古代天文學家認爲天體的運動都是勻速的。東漢賈逵發現了月行不勻。南北朝時張子信發現日行亦不勻。這種不勻是由於天體軌道是橢圓而引起的。介於兩次觀測之間某一時刻的日月位置，可由招差法計算。元代郭守敬等人在《授時曆》中應用了三次差的招差公式。元代數學家朱世傑在其所著《四元玉鑒》中給出的公式雖然限於四次招差，但由於他已經通曉其中各項係數是一系列三角垛的積，實際上可以認爲他已通曉任意高次的招差法。這比西方要早四百餘年。

歷·史·名·人

■黃公望

（一二六九—一三五四）元代畫家。精山水畫，晚年卓然成家。設色創「淺絳」法。是「元四家」之冠。對明清山水畫影響極大。

■哈菲茲

（Hafiz,一三二〇—一三八九）波斯詩人。以抒情詩著稱。存世近五百首抒情詩，蔑視強權，歌頌愛情。在世界文學中享有盛譽。

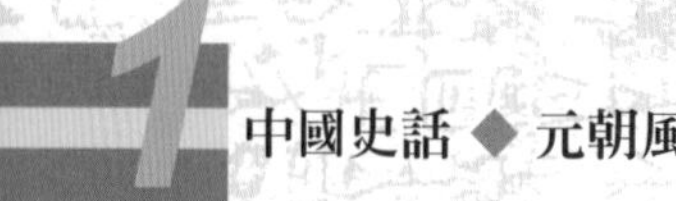

中，如實地反映了他的人生之道。

元代著名的繪畫作品《具區林屋圖》出自王蒙之手。王蒙是趙孟頫之外孫。黃公望稱讚王蒙繼承了外祖父的書法，但王蒙的鮮豔色彩以及他那不加天空的獨特構圖則是前所未有的。游牧民族建立的元代，對漢民族的文人來說是一個磨練的時代，而這個磨練孕育出了前所未有的文化表現。趙孟頫、黃公望、倪瓚、王蒙等人帶有個性的文化表現，乃是這個時代的文人從傳統中提煉出來的一個新的世界。

富春山居圖之 1

富春山居圖之 2

富春山居圖之 3

富春山居圖之 4

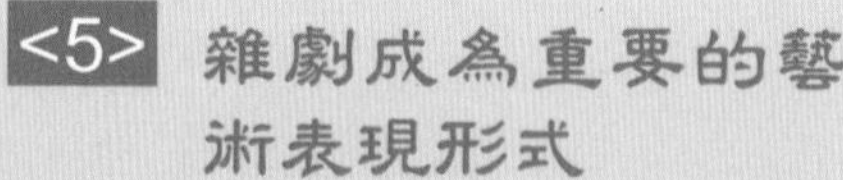
<5> 雜劇成爲重要的藝術表現形式

雜劇之名，正式出現於唐代，泛指從南北朝以來流行的參軍戲和歌舞小戲。到了宋代，尤其是南宋光宗年間，東南沿海一帶開始流行一種戲文，它擺脫了唐宋雜劇以滑稽取笑爲主要特徵的面貌，而代之以表演故事情節爲主，逐漸形成了

富春山居圖之 5

富春山居圖之 6

浙江省博物館收藏的黃公望《富春山居圖》局部

倪瓚的《幽澗寒松圖》1

倪瓚的《幽澗寒松圖》2

倪瓚的《幽澗寒松圖》3

天·工·開·物

天文觀測

西元一二七九年，郭守敬繼造儀之後組織了歷史上空前的大規模天文觀測活動。全國設了二十七個觀測點，南到北緯十五度的南海，北到北緯六十五度的北海，已接近北極圈。無論從測點的數量還是其分布範圍都超過唐代一行的同類工作。測量的內容仍是北極出地高度、冬夏至晷影長度和晝夜漏刻長度等，其目的是爲九服晷漏、食差等的計算提供必要的實測資料。據研究，其中觀測地點可考的二十處北極出地高度值的平均誤差爲0.35度，而郭守敬親自負責觀測的北京、河南登封等三處的北極出地高度的平均誤差僅爲0.23度，由此看來，這次測量的精度也高於前人。

宮漏

即漏壺，古代記時器，最晚殷代已開始製造。但是歷代造漏壺沒有哪個能比得上元順帝親自設計製造的宮漏。據記載，高約六、七尺，寬三、四尺。造木爲櫃，中置漏壺，以水運行。木櫃上雕有三聖殿，櫃腰立一玉女，捧一漏劍，上有刻度。隨時浮水而上，顯示時刻。櫃左懸鐘，櫃右懸鉦，鐘鉦下各立一金甲神，按時撞鐘擊鉦，不差分毫。

歷·史·名·人

■黃道婆

（一二四五——一三○六）元代棉紡織革新家。少時流落崖州三十多年，從黎族學會製造紡織工具和織布技術。返回故里後革新紡織技術，促進中國棉紡織業的發展。

■馬可波羅

（Marco polo，一二五四——一三二四）義大利旅行家。隨父親、叔父來到中國，受到元世祖忽必烈的盛宴歡迎。他在中國居住和爲官十七年，一二九五年回國後發表《馬可·波羅行記》。

自己的體制，基本上成爲綜合性的藝術，成爲後世戲曲的雛形。

經過漫長的孕育過程，元朝大帝國建立後，由於社會的要求和表演藝術的逐漸成熟，元雜劇在金院本的諸宮調的直接影響下，吸收其他多種表演藝術形式，最終成爲把歌曲、賓白、舞蹈和表演等有機地結合起來表現完整故事情節的戲曲藝術形式。元雜劇雖仍以雜劇命名，但已成爲眞正的戲曲。

元雜劇的興盛，既是中國歷史上多種表演藝術交融發展的結果，也是時代的產物。繼宋代經濟大發展之後，元代中外貿易相當興盛，城市經濟出現了前所未有的繁榮，無論是京師大都（今北京）還是地方各大城市，集中演出的「勾欄」等娛樂場所日益增多，戲劇演出也越來越廣泛。勾欄又叫樂棚，包括戲臺和觀衆席，通常由木材搭製而成。勾欄外面掛著旗、牌和戲衣之類的東西，還有專人把門，高聲叫喊，招徠觀衆。觀衆付錢後方准進欄，然後圍著戲臺坐下觀戲，類似於我們今天買票進戲院看戲的情形。因爲是商業活動，勾欄與勾欄之間往往存在著激烈的競爭。爲爭奪觀衆，勾欄間常要下大功夫唱對臺戲，稱爲「對棚」。

城市之外，農村中賽神社的戲劇演出也相當普遍，並出現了固定的戲臺。戲臺大都依廟而建，形狀和名稱多種多樣，最原始的是露臺，也就是露天砌成的戲臺。稍好一些的是在露臺上立柱、上頂，像亭子一樣，稱爲舞亭或樂亭。最高級的戲臺則又三面圍柱成牆，僅留一面出入，被稱爲舞樓或舞庭。每逢重要的廟會、節日，鄉村便由各戶籌錢邀請被稱爲「散樂人」的流動戲班登臺演出。這些流動戲班已不再是村民們自娛自樂的組合，而是專業的戲班。與城市勾欄裏的經常性演出不同，農村的戲劇演出是演戲與祭神活動相互結合，既娛神也娛人。但無論城市還是鄉村的演出，都帶有商業性質，這極大地刺激了戲劇的發展。

元代貴族對雜劇極爲愛好。不僅日常宮廷中戲劇表演不斷，即

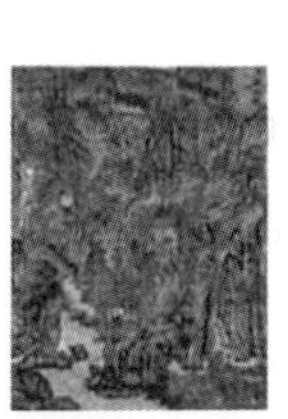

王蒙的《林屋圖》1

王蒙的《林屋圖》2

王蒙的《林屋圖》3

王蒙的《林屋圖》4

王蒙的《林屋圖》5

使是在出師作戰時，也常攜女樂隨行，或令教坊中人製曲作樂。教坊司是元朝設立的管理「樂人」的政府機構，高居正三品之位。教坊異常龐大，有五千餘人。通常，教坊對傳統的雜劇進行改編後才在宮廷演出。這雖使雜劇出現了宮廷化的特點，但在音樂、排場等戲劇整體方面卻有了很大的提高。雜劇在宮廷中的流行，反過來又對社會，特別是對上層社會發生影響，使雜劇這種娛樂方式在更大範圍流行開來。宮廷中每有新戲演出，很快就會在外邊傳唱。元朝貴族喜歡雜劇在客觀上起到了上行下效的作用，促進了雜劇在全國性的繁榮。

眾多的知識份子從事或參與戲劇活動，是元雜劇繁榮另外一個重要條件。元代科舉時行時廢，使知識份子特別是漢族知識份子，缺乏仕進之路或者職位不振，仕途渺茫。知識份子在社會上的地位急劇下降。在元朝的歧視政策下，一

漢墓百戲畫像石

部分知識份子爲養家糊口只好去從事一向被視爲卑微的戲曲活動，有的還成爲樂工。部分從事戲曲活動的知識份子還與民間藝人組成「書會」，被稱爲「書會才人」，畢生致力於雜劇創作。正是元代知識份子在仕途上的不幸命運，直接促成了元雜劇的異常繁榮。

戲劇作爲一門表演藝術，不僅需要優秀的劇本和創作人才，還有賴於一大批優秀的表演藝人。在元代的雜劇活動中，出現了衆多的著名藝人，他們不僅各務行當，各有專長，有的還能表演三百餘段雜劇。更値得讚歎的是，元代一些著名雜劇藝人中有不少具有相當高的文化水準，不僅能與著名文士作曲唱和，還能寫作雜劇劇本。這些能演會寫的優秀藝人，使雜劇的創作和舞臺演出緊密地結合在一起，提高和發展了雜劇的藝術水準，從而促使元雜劇更加興旺繁榮。

<6> 元雜劇的基本體制

元雜劇的基本體制包括劇本形式、表演形式以及雜劇題材等幾個方面。劇本指戲劇文本。元雜劇的劇本是韻文與散文結合的一種

山西洪洞明應王殿元雜劇壁畫

文學體裁，由曲詞、賓白和科介三部分組成，用以指示演員在舞臺上的歌唱、言語和動作。元雜劇劇本結構通常爲一本四折。也有少數作品爲一本五折、六折。但一本並不一定就是一部戲，有的戲則超出一本，如《西廂記》就有五本。一折中可以寫一場戲，即一個場景；也可以寫一場以上的戲，即多個場景。隨著場景（時間、地點）的即刻變化，相應的故事情節也迅速轉換，構成了連場戲。連場戲是元雜劇一個顯著的特點，對後世各曲種的發

»»» 天·工·開·物 »»»

緙絲東方朔偷桃圖

元代所製的傳世品，長58.5釐米、寬33.5釐米。以宋代繪畫爲稿本，其內容取自東方朔在天宮偷桃被擒，因答對詼諧爲西王母所寬容，賜飲瓊液的故事。畫面只擷取偷桃時之一景。緙絲技法除常用者外，在靈芝頸部採用了駝色、石青撚合的「合色線」，爲元代緙絲技術之創舉。圖上有鈐印多方，如「乾隆御覽之寶」、「宜子孫」、「三希堂鑒賞璽」、「秘殿珠林」等。

三齒錨鉤

金產。一九七五年出土。同出土者有魚叉及帶女眞大字銘文的銅器等。女眞大字始創於一一一九年，錨鉤等物均應爲此年以後製造。錨鉤係用鐵打製成，通高22.5釐米。截面近似方形，邊長2釐米。柄上端有鐵環，用以繫纜繩，下端有三齒，呈圓周形均勻排列。這種小錨無法投入水底使用，而是拋向岸邊抓土以定船位。中國古代早以使用鐵錨，但僅見諸文字、繪畫。此錨鉤雖只能用於小型船，卻是中國所見最早的鐵錨。

»»» 歷·史·名·人 »»»

■伯顏

（一二三六—一二九四）元代軍事家。一二七三年統軍伐宋。一二七六年三月攻破臨安，俘謝太后、恭帝等而返。後輔佐忽必烈子成宗即位。

■但丁

（Dante，一二六五—一三二一）義大利文學家、現代語奠基者。義大利文藝復興先驅。長詩《神曲》表達了自己的善惡標準和對天主教會的厭惡。

展影響很大。

元雜劇劇本中，在第一折之前或是折與折之間，常安排一個楔子。「楔」原指插在木器榫縫裏的小木片，起填充縫隙固結零件的作用。元雜劇劇本中的楔子因其位置、功能類似而得名。楔子和折共同構成本。楔子篇幅比折短小，通常放在第一折之前，交代劇情的開端，起「序幕」的作用。放在折與折之間的楔子，則起過脈劇情的作用。楔子用曲方式和折並不相同，它不用套曲，只用一個或兩個曲牌。

山西右玉寶寧寺藏元代水陸畫局部 畫可分兩層，上層繪士農工商醫卜星相各色人物，下層繪舞獅者、幻術師、侏儒等百戲演員

元雜劇劇本的末尾，往往寫有兩句或四句或八句的對句，叫做「題目正名」，用來概括全劇的內容。題目正名還可以寫在紙榜上，置於外面，起到今天海報的作用。

元雜劇的表演形式包括唱、云和科（介）三種。三者交相配合，向觀眾展現整個劇情的轉換。唱是元雜劇中的主要表演形式，唱的曲詞佔有很大的戲份，每本戲只能由正末或正旦主唱，因此劇本又有旦本或末本之分。元雜劇的每折在音樂上只採用一種宮調，幾

《西廂記》連環圖

山西運城出土的元墓戲曲壁畫 1

山西運城出土的元墓戲曲壁畫 2

折幾種，不相重覆。按同宮調的曲牌組合排列的，就成爲套曲。每個套曲所聯的曲牌，可多可少，但也有一定的規律。元雜劇非常講究唱詞的格律和聲腔的優美。唱詞基本符合曲牌規定的聲律，但較詩詞格律自由。和詩詞一樣，唱詞也常用對句。曲文對式約有七種：即合璧對（兩句對）、連璧對（四句對）、鼎足對（三句對）、聯珠對（每句多對）；隔句對（長短句對）、鸞鳳和鳴對（首句尾句相對）、燕逐飛花對（三句對作一句）。元雜劇的用韻分爲十九部：東鍾、江陽、支思、齊微、魚模、皆來、眞文、寒山、桓歡、先天、蕭豪、歌戈、家麻、車遮、庚青、尤侯、侵

»»» 天·工·開·物 »»»

《農書》

中國元代綜合性農書，三十七集，作者王禎。成書於元仁宗皇慶二年，明代初期被編入《永樂大典》。明清以後，有很多刊本。一九八一年出版了經過整理、校注的王毓瑚校本。全書約十三萬餘字，內容包括三個部分：《農桑通訣》六集，作爲農業總論，體現了作者的農學思想體系。《百穀譜》十一集，爲作物栽培各論，分述糧食作物、蔬菜、水果等的栽種技術。《農器圖譜》二十集，佔全書80%的篇幅，幾乎包括了傳統的所有農具和主要設施，堪稱中國最早的圖文並茂的農具史料，後代農書中所述農具大多以此書爲範本。

仰儀

由郭守敬所創制，是架用日影反測太陽眞位置的儀器。形若半個空心銅球，口徑丈二，深爲六尺，內刻赤道座標以及經緯度，像口大鍋仰放於靈台，故名仰儀。其上架有橫木，中心處有一銅片，開有小孔，陽光透過此孔投影於仰儀底面上，觀測者俯視即可指出太陽所在的經緯度，用以觀測日食過程，則更爲清晰、方便。

»»» 歷·史·典·故 »»»

石人一隻眼

元順帝時黃河決堤，洪水氾濫成災，十五萬被徵調的民工沒日沒夜地疏通黃河。白蓮教領袖韓山童和弟子劉福通看到民工不僅挨餓，還病死累死不少人，認爲發動起義的機會到了。他們首先在工地傳唱民謠：「石人一隻眼，挑動黃河天下反。」然後，將鑿好的獨眼石人埋在將要動工的地下。幾天後，民工們挖出了獨眼石人，發現石人背上刻著：「莫道石人一隻眼，此物一出天下反，」認爲這是天意昭示他們起來造反，之後便回應了白蓮教領導的紅巾軍起義。

明崇禎刻本秘本西廂插圖

尋、監咸、廉纖。在元雜劇中，每折的唱詞，常一韻到底，平仄通押。演員在唱詞時有樂器伴奏，常用的樂器有鑼、板、鼓和笛等，這些樂器在今天的戲劇表演中仍能見到。

元雜劇中的云，亦稱賓白，兩人對說叫賓，一人獨說叫白。賓白又分爲韻白和散白。韻白指用韻的云白，常見於上場詩、下場詩，一般四句或八句，烘托人物的出場或退場。韻白中還有一種主要用於淨角，類似後世戲曲中的數板，大多是插科打諢。此外，還有一種斷詞，也屬韻白。散白主要包括帶云、背云、內云等。帶云是人物在唱詞間停頓插入說白，來串聯和解釋唱詞。背云與今天電影或戲劇中的旁白相似，觀衆通過人物的背云自已感受劇情的內容。內云是指未上場的人物對上場人物的對話。

科，亦稱介，指演員的演出表情或動作。但元雜劇所說的科，並非指人物唱詞、說白應有的動作，而是專指唱、白以外的動作，類似後世戲曲中的做和打。作具體表示四個方面的意思：一是人物的一般動作，如「做謝恩科」，指做跪拜動作。二是表示人物表情，如「做忖科」，指做思考表情。三是表示武打動作，如「作混戰科」，指武將衝向敵軍的武打動作。四是表示歌舞動作，如「正旦做舞科」，指正旦做舞蹈動作。此外，還有一類科是指雜劇中的音響效果，如「雁叫科」，指模擬雁叫聲音，「內做雷聲科」，指後臺模擬打雷聲。

元雜劇中角色基本可分三大類：末、旦、淨。末是劇中的男角，相當於後來京劇中的生。末中又分正末、沖末和小末等。旦是

明崇禎李廷謨延閣刊本《徐文長先生批評西廂記》鶯鶯像

劇中的女角，與後來京劇中的旦同義，旦分正旦、外旦和搽旦等。在元雜劇中，只有正末和正旦可以主唱，其他角色一般沒有唱詞，只有在曲尾才會安排唱段。淨在元雜劇中通常扮演配角，一類是反面人物，一類是滑稽人物。此外，元雜劇中還有雜類角色，主要指那些不重要的人物，類似後來京劇中跑龍套的，屬群眾演員。因此，不得與末、旦、淨並列。

我們知道，元雜劇中的主要角色是正末和正旦，但在情節複雜的戲劇中，就會遇到必須在一些折中安排以配角爲主的戲，否則就會破壞故事的完整，觀眾就無法看懂，從而減弱戲劇的效果。這時候，

歷·史·典·故

元代織錦

元代將金線織入錦中使其產生金碧輝煌的效果。絲綢紋樣繼承了兩宋風格，融入蒙古與西亞文化特色，紋樣主題爲花型較大的團窠內有對稱的翼羊，雙羊間綴有如意寶相花，地紋爲龜紋。元代織緞技術已有很高水準。蘇州出的織金緞，是在五枚正反緞地上再以圓金織入，呈現菱花主紋，織金在緞織物上的應用有了創新和發展。

候極儀

它安置在簡儀赤經環轉軸的頂端，是一與赤道環遙相平行的小環圈。用它觀測北極星，令北極星在該小環圈內運轉，運轉的圓心即天北極的方向，使赤經環轉軸沿此方向安置。所以，它是使簡儀的赤道座標裝置校正到正確位置上的重要儀器。由於它與簡儀組裝在一起，也可視作簡儀的一個構件。

歷·史·名·人

■趙孟頫

（一二五四——一三二二）元代藝術家。宋宗室。是集藝術、學術於一身的全才。存世書跡有《洛神賦》、《赤壁賦》、《臨蘭亭帖》、《膽巴碑》等。

■奧斯曼

（Osman，一二五九——一三二六）塞爾柱土耳其人的首領。乘羅姆蘇丹瓦解之際，宣布獨立，自稱「愛米爾」，建立奧斯曼帝國。

正旦或正末便需要改扮成其他配角。如《單刀會》中，正末在第一折扮喬國老，第二折扮司馬徽，第三、四折扮關羽，這三個人物都在該折都擔任歌唱。因爲都是由正末扮演，所以還是末本。這種現象在元雜劇中稱爲改扮。

明崇禎李廷謨延閣刊本《徐文長先生批評西廂記》 入夢

爲增強演出效果，演員在演出時，一般都要化妝。元雜劇中的人物也不例外，當時稱爲塗面。如李逵塗黑臉，關羽塗紅臉。但當時的化妝遠沒有後來京劇中的臉譜精細。在元雜劇中，有些人物並不塗面，而是戴面具，叫做戴臉子。主要是天兵神將一類的人物。

值得注意的是，元雜劇中對人物穿戴的服裝、行頭，在當時已經相當規範，稱爲穿關。僅人物所用的各種冠、巾、帽，袍、裙、帔、鞋、襪等，就有八十多種名目，不同的人物要穿戴不同樣式和顏色的服裝，有嚴格的規定。

爲增強表演的眞實性，元雜劇在演出中已注意使用小的道具，稱作砌末。如臉盆、手巾、金釵、動物等等，這是道具並非日常生活中眞實的物品，而是與實物相似卻較小的東西，多爲木製或布製，便於使用。

元雜劇的題材主要有歷史劇、愛情劇和社會劇等。歷史劇中，寫帝王將相故事的劇本較多，僅流傳下來的就有四十餘種，佔現存雜劇劇本的四分之一。它們上自商、周，下到唐宋，從政治鬥爭到戰場風雲，從將相發跡到宮闈情事，無所不寫。它們取材大都有來源，如《趙氏孤兒》出自《左傳》和《史記》；《凍蘇秦》、《馬陵道》和《澠池會》出自《史記》。與歷史著作不同，這些歷史劇只是取材歷史故事，並不囿於史實，由劇作家進行文學虛構和加工，眞假參半。

在現存元雜劇劇目中，愛情婚姻劇約佔五分之一，也是最引人注目的一部分。王實甫的《西廂記》、關漢卿的《拜月亭》、白樸的《牆頭馬上》和鄭光祖的《倩女離魂》，被後世學者稱作四大愛情劇。它們大多取材於唐宋傳奇、宋代話本小說和筆記雜著。如《西廂記》、《倩女幽魂》和《曲江池》都出於唐傳奇文；《梧桐雨》、《牆頭馬上》和《青衫淚》出於白居易的長詩《琵琶行》和相關的筆記雜著。

元雜劇中還有不少描寫神仙道化故事的劇本，它們往往也有所本，如《黃粱夢》出自《枕中記》，《竹葉舟》出於《幻影傳》。

<7> 元雜劇的著名作家和作品

元代是中國戲曲史上的黃金時代，出現了大批優秀的劇作家和劇本。據元人鍾嗣成的《錄鬼簿》記載，當時從事雜劇創作的知名劇作家有八十餘人，雜劇有五百餘種，流傳到今天的還有一百三十多種。

關漢卿是中國戲曲史上最早最偉大的戲劇作家。古人既有名也有字，但我們已無從得知關漢卿的名，只知漢卿是他的字，他還有一個號叫已齋叟。他出生並長期生活在大都（今北京）。他的生卒年也已難查實，生年約在金宣宗貞至元光之間（一二一三——一二二二），卒年約在元成宗大德年間（一二九七——一三〇七），經歷了南宋的滅亡與元的建立。據說他曾作過太醫院尹。

關漢卿

關漢卿博學能文，滑稽多智。由於元朝停止科舉，他一生主要是從事戲曲創作活動，長期生活在倡優之間，有時也親自登臺演出。所以他十分熟悉戲曲舞臺和各種表演技藝，過著典型的「書會才人」生活。關漢卿在從事戲曲創作的活動中，結識了許多劇作家和演員。

關漢卿淪落下層的經歷和境遇使他能夠接近下層民衆，同情他們的遭遇和不幸，這使得他的作品能夠廣闊而深刻地反映當時的社會生活。關漢卿既能寫戲又能演戲，這又有助於他的戲劇創作具有極佳的演出效果。這些是使他成爲「雜劇班頭」的重要因素。

明崇禎凌濛初即空刻本《西廂記》崔鶯鶯夜聽琴

關漢卿一生創作頗豐，多達六十七種，今存十八種，其中著名的有《竇娥冤》、《救風塵》、《望江亭》、《單刀會》、《拜月亭》等。其中若干種，是否爲關漢卿原作，尚有爭議。

關漢卿的雜劇創作或取材於現實生活，或借助於歷史故事，成功地塑造了各式各樣的人物形象，以高超的藝術魅力征服了一代又一代的觀衆和讀者。從思想內容上看，他的劇作可分爲三類。第一類是公案劇，主要是寫清官斷案。如《魯齋郎》和《蝴蝶夢》，就是寫青天包公斷案的故事。在公案劇中，也有反映社會問題，揭露社會黑暗和統治者殘暴的社會劇，如著名的《竇娥冤》、《救風塵》等。《竇娥冤》是關漢卿的代表作。它取材於傳說中的東海孝婦的冤獄故事。講述了女主人翁竇娥的悲劇命運。竇娥是一位善良的女子，她出生在書香世家，從小就養成了孝順的品格，不料三歲喪母，七歲時父親因還不起高利貸，將她抵債給蔡婆婆做童養媳。十七歲結婚，婚後不到兩年丈夫竟又病死，年紀輕輕成了寡婦。地痞流氓張驢兒父子恃強凌弱，欲霸佔蔡氏、竇娥婆媳。張驢兒的父親誤服毒藥致死，兇手張驢兒竟嫁禍於竇娥。貪官偏聽偏信，草菅人命，屈斬竇娥，造成千古奇冤。該劇在對高利貸橫行，惡人猖獗，官府凡庸的社會現象進行無情批判的同時，展現了下層女子的善良無辜和對黑暗社會的勇敢反抗，被譽爲元代第一悲劇。第二類是愛情劇。這類作品在關漢卿的劇作中佔有相當的比重。現存的有《望江亭》、《拜月亭》等。在這些作

»»» 天·工·開·物 »»»

簡儀

元代天文學家郭守敬於西元一二七六年創制的一種測量天體位置的儀器。因將結構繁複的唐宋渾天儀加以革新簡化而成，故稱簡儀。它包括相互獨立的赤道裝置和地平裝置，以地球環繞太陽公轉一周的時間，365.25日分度。赤道裝置用於測量天體的去極度和入宿度（赤道座標），與現代望遠鏡中廣泛應用的天圖式赤道裝置的基本結構相同。它由北高南低兩個支架，托著正南北方向的極軸，圍繞極軸旋轉的是四遊雙環，四遊環上的窺管兩端安有十字絲，這是後世望遠鏡中十字絲的鼻祖。極軸南端重疊放置固定的百刻環和遊旋的赤道環。爲了減少百刻環與赤道環之間的摩擦，郭守敬在兩環之間安裝了四個小圓柱體，這種結構與近代「滾柱軸承」減少摩擦阻力的原理相同。

»»» 歷·史·名·人 »»»

■郭守敬

（一二三一—一三一六）元朝科學家。和王恂、許衡等人，共同編制古代最先進、施行最久的《授時曆》。編撰天文曆法著作《推步》等十四種一百零五卷。

■馬修

（Guillaume de Machaut，1300—1377）法國詩人，作曲家。他的世俗音樂是最早的複調「尚松」的優秀曲目。今人所知的常規彌撒最早的配樂《聖母彌撒曲》出自他的手筆。

品中，作者塑造了王瑞蘭和譚記兒等性格鮮明、美麗高尚的婦女形象，反映了元代的社會習俗、婚姻制度和社會矛盾，對婦女，尤其是弱勢婦女在愛情婚姻上的不幸遭遇，寄予了深切的同情。第三類是歷史劇。如《單刀會》、《哭存孝》等。這些作品對歷史英雄人物或頌其壯志豪情，或哀其悲慘遭遇，折射出作家的歷史情懷。

明崇禎凌濛初即空刻本《西廂記》小紅娘傳好事

關漢卿和他的劇作以傑出的藝術才能和強烈的人文關懷，對後世產生了極爲深遠的影響，在中國戲曲史上佔有重要的地位。

在元代衆多優秀劇作家中，王實甫與關漢卿並稱劇壇雙子星。王實甫，名德信，大都（今北京）人，生卒年不詳，我們只知道他在泰定元年（一三二四年）時已去世。與關漢卿同時而略晚，同屬於元朝早期的劇作家。據說他也是一個仕途失意的文人，長期混於藝人官妓聚居之所，因此對勾欄生活非常熟悉。王實甫曾寫有雜劇十四種，現在流傳的只有《西廂記》、《破窯記》和

明朝萬曆年何璧校本《北西廂記》解圍

《麗春堂》三種，以及《芙蓉亭》、《販茶船》的各一折曲文。其中《西廂記》是元雜劇中罕見的長篇巨制，共五本二十一折，不僅是王實甫的代表作，也是元雜劇成就最高、影響最大的典範之作。

明朝天啓年劉龍田喬山堂刻本《元本題評西廂記》倩紅問病

西廂故事，講述的是書生張生與相國小姐崔鶯鶯之間的愛情故事，最早起源於唐傳奇《鶯鶯傳》，宋金時期，趙令疇有說唱鼓子詞《商調．蝶戀花》，官本雜劇有《鶯鶯六麼》，南戲有《張珙西廂記》，金院本有《紅娘子》，諸宮調有董解元《西廂記》等。在衆多西廂故事中，多數作者出於對封建禮教的維護，對張生和崔鶯鶯的自由愛情一般持反對態度，因此，多寫張生對崔鶯鶯始亂終棄，故事以悲劇收場。董解元根本改變了傳統作品的取向，歌頌了張生和鶯鶯的自由愛情，突出了反封建的主題，將故事改爲大團圓結局。

在董解元的諸宮調《西廂記》的基礎上，王實甫將之改寫爲戲曲，增加了賓白，並重寫某些故事情節。所以，兩個作品雖故事內容基本相同，但王實甫的《西廂記》題材更集中，反封建思想傾向更鮮明，人物更加生動形象，語言更富有表現力，思想和藝術水準都大爲提高，達到了元代戲曲創作的最高水準。

《西廂記》對青年男女追求自由愛情的熱情歌頌必然要招來封建勢力的排斥。後世封建衛道士常對《西廂記》痛加詆毀，有的更對之進行改寫以維世風，到清代，甚至把它列爲「穢惡之書」，禁止人們閱讀。但《西廂記》以其思想與藝術的傑出成就，自元明以來，一直受到民衆的歡迎，成爲流傳最廣的劇本。《西廂記》出現後，劇作家們就紛紛效法學習，不僅同時代的《東牆記》、《倩女離魂》就受其影響，而且在明清以來以愛情爲主題的小說戲劇，如湯顯祖的《牡丹亭》，曹雪芹的《紅樓夢》等傑作上我們也能清晰地看到它的影子。

明崇禎閔振聲刻本《千秋絕豔》 傷離

明朝天啓年劉龍田喬山堂刻本《元本題評西廂記》 衣錦還鄉

明崇禎刻本柳枝集《牆頭馬上》插圖

元雜劇作家群星璀燦，關漢卿、王實甫之外，傑出的劇作家還有很多，其中白樸、馬致遠和鄭光祖還與關漢卿並稱爲元曲四大家。

白樸（一二二六－？），字仁甫，一字太素，號蘭谷。祖籍州（今山西河曲縣）。他幼年遭金亡之亂，隨大詩人元好問流亡南方，並受業於元好問。金亡後流寓眞定（今河北正定縣），晚年寄居建康（今江蘇南京市）。白樸一生未仕，與雜劇藝人多有往來。曾寫有雜劇十六種，今僅存《牆頭馬上》、《梧桐雨》二種。

《牆頭馬上》是一部優秀的愛情劇。講述洛陽總管之女李千金在花園牆頭看見馬

天·工·開·物

《授時曆》

西元一二七六年，元太祖忽必烈下令編制新曆，郭守敬奉命參加修曆。四年後，新曆《授時曆》基本完成。這是中國著名的三大曆法之一（另兩部爲西漢的〈太初曆〉與唐代的〈大衍曆〉）。其所用資料幾乎皆爲歷史上最先進的，如採用的太陽回歸年長度爲365.2425日，較之地球繞太陽公轉一周的實際時間只差二十六秒，與三百餘年後頒發現在仍通行的西曆採用同一資料。

登封測景台

中國古代天文觀測台，位於河南省登封縣境內，一二七九年元代天文學家郭守敬設計製造。觀景台平面呈正方形，邊長16米餘，台高9.40米，台北面石圭長31.19米，俗稱量天尺，量天尺和觀景台構成一個巨型圭表。爲了觀測的準確，郭守敬還發明了「景符」。

四元術

西元一三〇三年，元代朱世傑著《四元玉鑑》，他把「天元術」推廣爲「四元術」（四元高次聯立方程），並提出消元的解法。歐洲到西元一七七五年法國人別朱（Etienne Bezout）才提出同樣的解法。

天·工·開·物

古畏兀爾文木活字

元朝時期，活字印刷術傳播到西北地方，遂刻製了古畏兀爾文木活字。字模皆爲立方柱體，一端刻一古畏文。各字模長短不一，長者近二釐米，因古畏文字體大小不同，故字模截面長寬有差異。後在甘肅敦煌千佛洞內發現，原發現數百枚，大部分被盜運出國，國內現存僅十餘枚。

上的尚書之子裴少俊，就大膽地愛上了他，並勇敢地和他私奔，被裴尚書拆散，後少俊得官，二人終得團圓。《牆頭馬上》熱情歌頌了青年男女對自主婚姻的合理要求和鬥爭，塑造了李千金的光輝形象。

馬致遠，號東籬，大都人，生卒年不詳。曾任江浙行省官吏，後退隱田園。他參加過元貞書會，被時人稱爲曲狀元。曾寫過雜劇十五種，今存《漢宮秋》、《青衫淚》等七種。還和藝人李時中、紅字李二、花李郎合寫《黃粱夢》一種。

《漢宮秋》是元雜劇中優秀作品之一，它集中代表了馬致遠戲曲創作的成就。馬致遠以歷史上的昭君出塞故事爲藍本，講述了漢元帝時國勢衰弱，奸臣毛延壽引匈奴兵犯漢境，昭君被迫出塞和親，行至漢匈交界的黑江，遙望家國，憤而投江。作品突出了昭君的民族氣節，批判了奸佞的誤國，表現出了作者強烈的民族意識。《漢宮秋》藝術成就極高，曲詞纏綿深切，優美動人。

明萬曆顧曲齋刻本《古雜劇》中《梧桐雨》插圖

明萬曆博古齋刻本《元曲選》中《牆頭馬上》插圖

明萬曆顧曲齋刻本《古雜劇》中《梧桐雨》插圖

鄭光祖，字德輝，平陽襄陵（今山西臨汾）人，生卒年不詳。是元雜劇後期的重要劇作家。他曾任杭州路吏，爲人方直，被藝人們稱爲鄭老先生。曾寫過雜劇十八種，今存《倩女離魂》、《王粲登樓》、《周公攝政》等八種。

《倩女離魂》是他的代表作，也是元後期雜劇中最優秀的作品。講述王文舉和張倩女本是指腹爲親的未婚夫妻，張母卻嫌文舉功名未就，不許二人成婚。文舉上京應試後，倩女相思成疾，靈魂竟追趕文舉赴京。文舉得官後和倩女回到家中，她的靈魂才重歸軀體。作者用浪漫主義的手法，成功地塑造了一個熱烈追求自由幸福

»»» 天·工·開·物 »»»

剔紅梔子花圓盤

元代所制傳世品。直徑16.5釐米，高2.5釐米。盤面外周爲邊框，盤心雕怒放的複瓣梔子花，花四周爲四朵花蕾，空間雕葉瓣。盤之外側雕刻卷草紋。下有圈足。剔紅屬雕漆工藝中的特殊工藝。先製胎成型，而後層層塗漆。待漆層達到所需厚度，再以利刀刻出紋飾。塗紅漆者稱之爲剔紅。此盤漆層多至百餘道，刀法嫺熟，凸起之花紋圓潤自然，不露刀痕。漆色正紅，唯盤底圈足內髹黑漆。底之邊緣針刻「張成造」三陰文，即作者之款識。張成，亦寫成張誠，乃元代著名雕漆工匠，其作品之技法、風格，對後世雕漆工藝有較大影響。

»»» 天·工·開·物 »»»

青花纏枝牡丹罐

元代傳世品。高口徑腹徑釐米。圓口，直頸，廣腹。通體紋飾上下共五層。頸部爲海水波濤紋，共六組。肩部飾石榴及纏枝花，果花相間，各有四圖。腹部以刻劃手法先勾出六朵纏枝牡丹輪廓，然後再施以青料。腹部下層有一圈捲草紋。靠近罐底部位，周圍飾仰蓮紋。因釉料中含鈷，燒成後呈青色，古曰青花，乃釉下彩。該工藝始見於唐，宋代繼續燒製，元代大盛。元代青花瓷器的器形、紋飾多姿多態，傳世佳品很多，但以牡丹花卉爲裝飾主題的尚不多見。

明崇禎刻本酹江集《漢宮秋》插圖

明刻本《元曲選》中《漢宮秋》插圖

生活的張倩女形象。對後來湯顯祖的《牡丹亭》有相當影響。

元代較著名的劇作家和作品，還有紀君祥的《趙氏孤兒》和李行道的《灰闌記》。

隨著元朝南方城市經濟和文化的迅速恢復和發展，大約從大德末年開始，元雜劇創作活動中心逐漸由大都移向杭州。在雜劇發展創作中心南移的過程中，雜劇也由黃金時代轉向衰微。優秀的劇作家越來越少，雜劇作品大多平庸無味。

明崇禎刻本柳枝集《倩女離魂》插圖

明崇禎刻本柳枝集《倩女離魂》插圖

在京劇《趙氏孤兒》中，當代著名京劇表演藝術家馬連良飾程嬰，張君秋飾莊姬公主

天·工·開·物

銅壺滴漏

鑄於元延三年(一三一六)十二月十六日，爲中國現存最早的複式銅漏壺。由日、月、星以及受水壺四部分組成。四壺外形均似圓桶，口沿有蓋，壺壁挺直，但口徑大於底徑。日、月、星、受水壺依次而降安置於階梯式架上。先向日壺注水，通過排水管道恆量滴入下一壺，最後注入受水壺。受水壺壺蓋正中豎銅尺，刻有十二時辰。銅尺前有長方形窄孔，插放木尺（浮箭），尺下端有木質浮舟。隨著水的注入與增加，浮舟、浮箭逐漸上升，觀察其上升高度與銅尺刻度對照，即可知當時的時辰。此壺原置廣東廣州拱北門城樓上，清咸豐七年因失火略有損壞。後咸豐十年修補。

天·工·開·物

妙應寺白塔

位於北京阜城門內。此處原有遼塔，元至元八年（一二七一）拆毀舊塔，令尼泊爾人阿尼哥在原址另建喇嘛式塔，塔身外塗白灰，世稱白塔。通高50.9米，由「亞」字形須彌座基台、塔身及十三天相輪塔剎三部分組成。塔身形似寶瓶，雄壯穩健。塔下粗上細，用磚砌成十三重相輪，又稱十三天；十三天上置巨大銅蓋，其周匝懸掛佛像與風鈴；寶蓋上又有小型喇嘛塔，充做剎頂。此小塔刻有至正四年題記，係元末重修時所留。

西元1368年 ›››› 西元1644年

第二章 明朝興起

明太祖朱元章將蒙古人統治的元王朝滅亡，重新建立起長達二七六年之久，由漢人統治的統一王朝──明朝。

在中華五千年的歷史長河中，將皇帝的集權推向頂峰的應屬明代，絢爛豪華，規模雄壯的紫禁城也正象徵著皇帝權力的至高無上。

<1> 朱元璋制定的移民政策

朱元璋，是明王朝的第一代皇帝，依其年號稱爲洪武帝。

朱元璋家庭貧困，在幼小時就失去了雙親。朱元璋二十三歲時，投身於席捲全國的農民起義當中。

洪武帝朱元璋像

朱元璋所指揮的軍隊不濫殺，不強奪，佔領的土地也能公正地管理，使得衆多的地主集結到他的手下。

他依靠江南地區地主強大的經濟實力，迅速發展起來，最終坐上了皇帝之位。

西元一三六八年八月，明王朝建立，定都於現在的南京，並開始修建巨大的都城。

現在南京城雖然只保存了一部分的城門和城牆，但是從高大的中華門上，依舊可以看出當時南京城的規模之大。

南京的朝天宮曾是明代的官僚朝拜皇帝、學習禮儀的地方。

洪武帝的治國宗旨是，使因戰亂而疲憊的百姓得以休養生息。

洪武帝首先開始著手於農業的復興，在建國之初租稅全免。從洪武時期製作的土地賬簿《洪武魚鱗圖冊》可見當時的農業政策。

洪武帝鼓勵農民開墾荒廢的土地。對開墾的土地進行規劃整理，並將土地的面積、所有者、租稅額等記載在這樣的土地賬簿上，當時幾乎全國都普及了這樣的土地冊。

洪武帝依據這種土地冊對所有的土地與農民實行直接管理，面積近四百萬公頃的廣大土地得到了開墾。農民的生活得到保障，明王朝也有了安定的租稅得以收納。

這其中最得力的措施，就是洪武帝實施了強制性的影響深遠的大規模移民政策。

在完成了王朝更替的戰爭之後，針對中原的凋敝荒蕪，戶部郎中劉九皋向開國皇帝朱元璋提出了這樣的觀點：

「古者狹鄉之民遷於寬鄉，蓋欲地不失力，民有恆業。」

這對朱元璋的移民決策影響極大。

通觀當時中國的格局，能夠從所謂的「狹鄉」移出大量人口的地方是山西。

與中原地區激烈的動盪不同，那時的山西卻顯得格外平靜。一三八一年的山西人口達到四百零三萬，是河北、河南兩省人口的總和。

在山西的東邊是險峻的太行山，西邊有呂梁山的阻隔，南邊是黃河天塹，北邊有浩瀚沙漠。這樣的地勢使得山西很少受到大的戰亂波及。

於是，在中國歷史上每逢分裂或戰亂發生時，山西就成了大批難民的庇護所，成為北部中國的戰略要地或政治中心，迎來一個經濟相當繁榮的階段。

明成祖朱棣

《明史》中，與山西有關的

明朝的如意雲紋蓋瓶

南京朝天宮

南京城牆

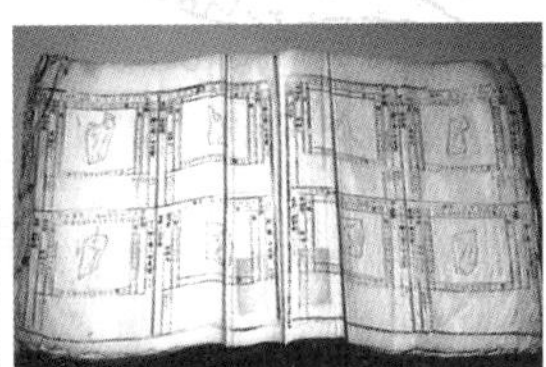
洪武魚鱗圖冊

移民活動，最早的記載是一三七三年，也就是距今六百多年前的明洪武六年，文字只有短短的一行：「六年，徙山西眞定民屯鳳陽。」

在《明史》和《明實錄》等當時的歷史文獻中可以查出與山西有關的移民共有十八次，其中洪武年間十次，永樂年間八次。

事實上一旦戰亂平息，水資源缺乏的山西也就喪失了它的地理優勢，而密集的人口卻又開始成爲它的發展障礙。所以，在民間，戰亂還未結束之時，自發的移民就已開始發生。

根據文獻記載，在明初移民之時，明政府在洪洞（今山西洪洞縣）廣濟寺設局助援，發給貧民川資，寺前的大槐樹也就成爲集合的標誌物。換句話說，位於交通要道的洪洞，除了作爲移民的遷出地之外，還成爲山西移民外遷的一個重要集散地，來自山西各地的移民紛紛聚集到了洪洞的大槐樹下，然後又從大槐樹下遷移到那些未知的他鄉。

根據當時的移民政策，同宗兄弟不能遷於一處，於是他們打爛鐵鍋，各執一片，作爲日後相認的憑證，或者乾脆改名換姓。

根據史籍的記載，明初從山西洪洞等

»»» 歷·史·典·故 »»»

畫角吹難

明朝開國初年，朱元璋讓人每天五更時分到應天府城門上做眾望之用的譙樓吹畫角，並高唱「創業難，守成更難，難也難」。畫角吹難，表現了朱元璋準備立業興明的雄心壯志。

立「皮場廟」酷法懲貪

朱元璋即位後不久，就大規模懲治貪官污吏。他規定，官吏凡貪污八十貫錢以上的就絞死示眾，然後剝皮，做成人形袋子。給貪官扒皮的場所叫「皮場廟」，是在全國各地衙門左邊修的小廟。朱元璋還規定在衙門大堂公座的左邊，掛上裝滿草的人皮袋子，即「皮草囊」，以警示官吏奉公畏法。

地遷出的移民主要分布在戰亂影響最大的河南、河北、山東、北京、安徽等地。

洪武帝的農業政策和移民政策使得國家的租稅額增加，比元朝增加了三倍之多。洪武帝建立起保證財政收入，由皇帝親自管理的獨裁體制。明王朝過渡到第三代永樂帝時期，開始走入全盛期。

<2> 朱棣修建了紫禁城

西元一三九九年八月到一四〇二年七月，明王朝內部爆發了一場叔侄之間因爭奪皇位而導致的內戰，這場內戰的發起人就是不甘心做諸侯王的燕王朱棣，經過四年苦戰，朱棣從侄兒建文帝手中奪得皇權，登上皇位，即歷史上的永樂帝。

永樂帝繼承了皇帝至高無上的權力，以及全部的國家財政，使他在事業上得以長足地發展。長期受任於守護北方的永樂帝，曾在北京這塊土地上渡過了二十多個春秋。他即位

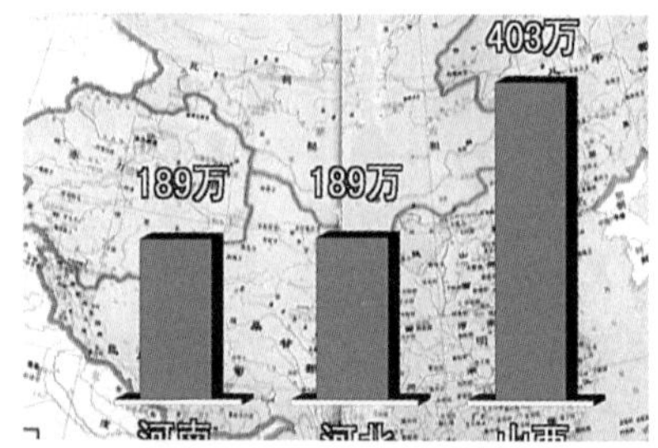

西元一三八一年三省人口數

山西地圖

汾河

紫禁城 所有重要的建築物都排列在一條直線上

後，又下詔在北京營建紫禁城。

西元一四二一年，明王朝將北京作爲都城，在此築造了一座巨大的城池，這就是紫禁城。

在七十二萬平方米的廣闊空間裏，宮殿、樓閣等七百八十六種建築物鱗次櫛比，房屋總數在初建時就已達到九千九百九十九間。

紫禁城，中國規模最大的皇宮所在地，黃色的琉璃瓦，紅色的牆，這種基調的構成主要是出自中國古老的思想，以中心之地的黃色和光大的紅色來展現。

這種色彩，也顯示了皇帝所居住的紫禁城應爲天下的中心，金碧輝煌。

從上空望紫禁城，正面是前門，北部是天安門廣場。

紫禁城的重要建築物都排列在一條直線上。

»»» 歷·史·典·故 »»»

雄猜無據

明太祖朱元璋稟性猜疑，因出身貧賤，總恐知識份子譏諷他。杭州儒生徐一夔替知府寫的賀表裏有「光天之下」、「天生聖人」、「爲世作則」的語句，原本是頌揚朱元璋的，想不到朱元璋卻認爲是在侮辱、譏諷他：「《光》就是剃了頭髮；《生》就是僧，譏刺我做過和尚；《則》和《賊》音相近，這不是在說我起兵造反當過賊嗎？」這種解釋未免太牽強，但徐一夔卻難逃一死。

茹太素挨打

刑部侍郎茹太素給朱元璋上奏章說五件事，本來只要五百字就可以說清楚的，他卻寫了一萬七千字，結果挨了朱元璋的板子。爲此，朱元璋還特別制定了一個上書的格式，嚴格限制奏章字數，有不遵者將受處罰。

»»» 歷·史·名·人 »»»

■朱棣

（一三六八—一四二四）明太祖第四子，封燕王。一三九九年，以反對建文帝削藩爲名起兵，號稱「靖難」。奪位登極，改元永樂。他即位後繼續削藩，設置內閣，任用宦官，建立東廠，恢復錦衣衛獄，實行專制集權統治。命鄭和下西洋、陳誠使西域。

■柯西莫·美第奇

（Cosimo de' Medici，一三八九—一四六四）佛羅倫斯共和國的「僭主」。統治長達三十年之久（一四三四—一四六四年），被稱爲「國父」。他精通拉丁文，是人文主義的熱心宣導者。

永樂帝耗費了大量的人力、物力完成的這座巨大皇宮，融中國古代建築技法於一體的紫禁城。直至今日，作爲北京的故宮博物院，堪稱是值得誇耀的國寶級文物。

紫禁城太和門

紫禁城的太和門是外朝的正門，永樂帝在此召見官僚並實施政務。

紫禁城太和門

穿過太和門就是面積超過三萬平方米的太和殿廣場，舉行盛典時，文武百官、馬匹、儀仗隊近一千人在此整齊排列，謁見皇帝。由於過於寬廣，可以說是完全看不到在殿內的皇帝。

紫禁城的太和殿是中國現存最大的木造建築。

「溥天之下，莫非王土」，皇帝是天下的君主，而座落在巨大土字形臺階上的太和殿就是他行使大權的象徵，這裏的一切都表達了永樂帝期盼著江山永固，皇權世代相傳的願望。

歷代皇帝都自稱爲眞龍天子，永樂帝的觀念也不例外。在太和殿石雕和大殿的門窗上，隨處可見象徵著天子形象的龍。

如果把故宮比喻成宮殿的海洋，那麼這片宮殿海洋的中心就是太和殿，它的一切設計都體現著至高無上，天下第一。

太和殿也是皇帝的即位儀式、婚禮大典等舉行的殿堂。

紫禁城傳說是由天帝派遣的九條龍築起的。天帝住在宇宙的中心——紫微星，紫禁城之名便由此而來。位於中央的寶座，也只有

富麗堂皇的紫禁城建築

欽安殿古木

授予天命的皇帝才能坐。

太和殿在紫禁城建成後，不到百日便失於大火。

永樂帝認爲這是天帝之意，直到第六代正統帝，才重建太和殿。

在寶座正上方的屋頂上雕有一條金色的龍，龍猶如吊頂一樣，口中嵌著一顆巨大的球鏡，傳說若非授予天命的皇帝坐上寶座，龍口中的球鏡便會落下，置此人於死地。

皇帝在太和殿舉行慶典儀式時，作爲準備場所和休息之地的便是位於太和殿後方的中和殿及保和殿。

永樂帝在營建紫禁城時，將處理各種政務、公事的場所——外朝和皇帝的個人生活場所——內廷分開了，在保和殿的北側是內廷，也就是皇帝的住處。內廷的進出口乾清門前放置著雌雄金獅各一隻。通常，容許進出內廷的只有侍奉皇帝、皇后的宮女和宦官，這裏猶如神的領地。

集中國建築技術之精髓而築起的紫禁城，確實是至高無上的皇權的象徵。

紫禁城本身也具有周密的防禦功能，太和殿的廣場，鋪上了厚厚的磚層。

據調查結果，在最厚的地方磚層厚度竟超過了五米。

鎦金的大缸是用於消防的水缸，紫禁城內配置這種大缸共三百零八個，大缸內，平常蓄滿了水，以防不測。

據記錄，明代紫禁城曾發生過三次大火。

在紫禁城內廷中生活著的皇帝，其警備及護衛是由皇帝的御林軍與宦官來承擔的。

宦官是淨了身的男子，很早以前就有他們侍奉皇室的記錄。到了明代末期，宦官人數達到了近十萬人。在內廷的最深處，有一個叫北五所的地方，這裏曾是敬事房太監工作的場所。

宦官分有管衣服的、管飯食的、管掃除的等二十四種職務。

敬事房的太監主要是服侍皇帝夜生活的宦官，當皇帝想休息時，將數

太和殿

太和殿石雕上的龍

太和殿的皇帝寶座

太和殿門上的雕龍

寶座正上方的雕龍

內右門

十冊妃子名單交由皇帝選擇，並負責將選中的人送往皇帝的寢宮。

宦官們往往利用親近皇帝的機會掌握權力，其中還出現過將所有的政務交由宦官及官僚處理的皇帝。在創建明王朝的洪武帝及永樂帝之後，明皇室後裔中再沒有出現過超越他們的後繼者。

隨著紫禁城的修建，明朝時期的北京城也已修建得初具規模。紫禁城即全城的中心位置，受三重城垣包圍。第一重皇城，是朝廷重地，禁止一般百姓進入；第

天·工·開·物

《農政全書》

中國明代大型綜合性農書。徐光啓於天啓五年（一六二五）開始撰著，到逝世時完成初稿。後經陳子龍（臥子）修訂，於崇禎十二年（一六三九）刊行，世稱平露堂本。至清代中葉以後有多種重刊本流傳。現代整理的版本有一九五六年鄣樹文校點本和一九七九年石聲漢校注本。全書六十卷，約七十萬字。內容分農本、田制、農事、水利、農器、樹藝、蠶桑、蠶桑廣類、種植、牧養、製造和荒政等十二門，每門又各分若干子目。

《天工開物》

中國古代科學技術專著。明代科學家宋應星（一五八七—？，字長庚，江西奉新人）撰。初刊於明崇禎十年（一六三七）。它全面系統地總結和記述了中國古代尤其是明代農業和手工業的生產技術和經驗，是一部傑出的農藝學和工藝學文獻。全書分爲上中下三編，共十八卷，並附有一百二十一幅插圖，描繪了一百三十多項生產技術和工具的名稱、形狀、工序。上編記述了穀類和棉麻栽培、養蠶、製糖等；中編包括製造磚瓦、陶瓷、鋼鐵器具、建造舟車、採煉石灰、煤炭、榨油、造紙等；下編包括五金開採及冶煉等。

歷·史·名·人

■**努爾哈赤**

（一五五九—一六二六）愛新覺羅氏。統一女眞各部，受明封。創八旗制度，命額爾德尼等創造滿文。一六一六年建立後金政權。一六二六年被袁崇煥擊敗身死。後謚高皇帝，廟號太祖。

■**科爾特斯**

（Hernando Cortes，一四八五—一五四七）西班牙征服者。以不到六百人、二十四馬和十門小炮於一五一九年征服人口在五百萬以上的墨西哥阿茲特克帝國。

太和殿前銅爐

二重內城，居住著官僚、貴族、地主、商人；第三重外城，給一般平民居住。每層城垣都開著不同數量的城門，紫禁城和皇城開四門，內城開九門，外城開七門，簡稱爲「內九、外七、皇城四」，內城的九門被稱爲京師九門。

位於北京中軸線上的正陽門，可以說是北京城最重要的城門之一。

通過崇文門最多的是商人，這裏是稅關，凡進入北京城的貨物，無論中外遠近，一律在此報關上稅。崇文門與西側的宣武門正好一文一武，遵循古代陽德陰行、左文右武的原則命名和安排，與崇文門相對的是宣武門，到菜市口刑場的死刑犯的囚車要經過這裏。

運煤車要從阜成門進入，送水車則要走西直門，西直門正對著玉泉山，所以送水的水車馱著玉泉山的清水，經過西直門，送入朱

中和殿及保和殿

乾清宮

門大宅。

德勝門由於名字吉利，出兵打仗總希望得勝而歸，所以軍隊出征都走德勝門。北門歷來視爲北京最重要的防禦城門，德勝門城樓上的守備器械很多，所以城門內外兵械商人雲集。現在的德勝門外有一弓箭胡同就是昔日兵器行會中的弓箭會館。

出征走德勝門，凱旋回來就要從安定門進城，取其安定、祥和之意。

從南方來的各種物資經過北京城東面的朝陽門、東直門運進來。具體而言，運送木材的車進東直門；拉糧的車要走朝陽門。

由於靠近運河，這裏的風景也遠勝於其他城門。

北京地處北半球的中緯度，北寒而南暖，久而久之，人們對比南北方位，就以北爲上，在這種傳統的思想意識裏，逐步產生了面南而王的觀念，坐北朝南就成爲君權、正統必須具備的一種態勢。城市

乾清宮門前

用於消防的海缸

北五所 曾是敬事房太監工作的場所

紫禁城的三重城垣示意圖

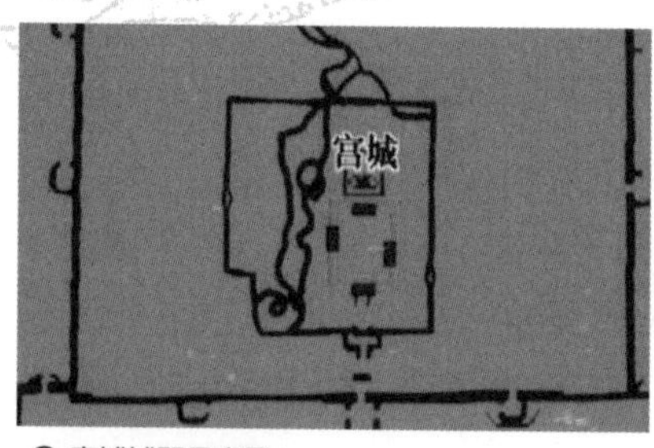

宮城城門示意圖

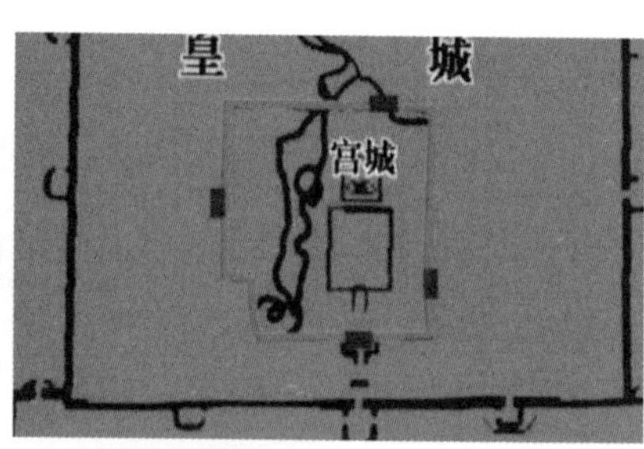

皇城城門示意圖

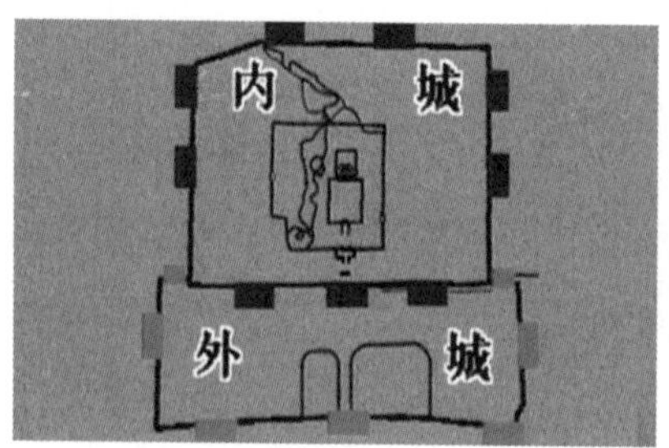

内城與外城城門示意圖

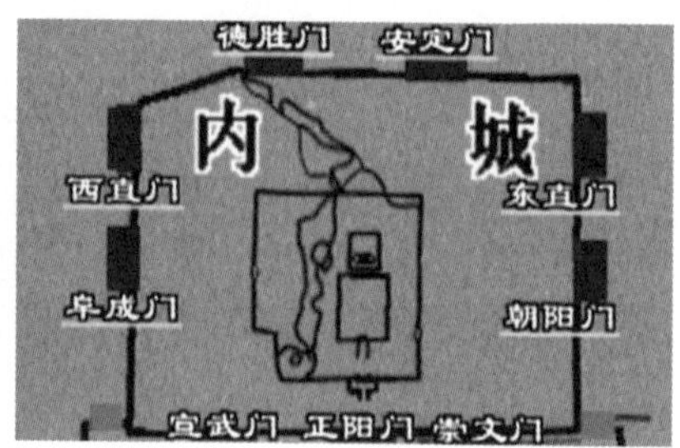

京師九門

布局也貫穿了這種思想，所以北京城自元大都建成規劃時，就確定了南北中軸線。明朝時，北京城依貫例沿用下來，最終成爲一個典型的面南而居的城市。

自明代起，北京城經過不斷擴建，中軸線也始終保持只向南發展延長的趨勢；向北的中軸線，在明清北京城的地圖上以鐘樓爲頂點，北中軸線上既無寬敞的大道，也不開城門，甚至還密密麻麻排列了許多民房，稱之爲「王氣不可洩露」。

整個北京城大到城市規劃、宮廷建築，小到官府和私宅，無不以南北定尊卑，將嚴格的等級制度和宗法禮治傳統定格在具體建築和起居安排上。

至於天壇、地壇，其方位是按照中國傳統的思維方式排列的，而其建築設計也演繹了中國古人對天地的認識。

古代中國人對天有一種解釋是蓋天說，認爲天蓋著地，天圓地方，所以在城南設圓形的天壇，在城北建方形的地壇。人們只要稍加留意就會發現，天壇中不僅祈年殿、圜丘壇、皇穹宇都是圓形的，就連天壇外面的圍牆也是南方北圓。方形地壇周圍有水，表示大地是漂在水上的。

從北京城整體來看，四周修建天地日月壇，紫禁城位於中心，顯示著天子居宇宙中心的位置。

明代的《皇都積勝圖》，是一幅沿著北京街道一直畫至紫禁城的長達二十米的畫卷。

在畫卷上，四隻象行走在街道上。

在北京度過青少年時期的永樂帝，具備了國際性的廣闊視野。

傳說當時每日前來向永樂帝朝貢的外國使節要排成長長的佇列。

在畫卷上，大明門前的朝市，也就是現在天安門廣場的

宣武門

西直門

德勝門

安定門

正陽門

崇文門

南側，充滿活躍氣氛的朝市，反映出這座都城已相當的富足。

洪武帝時期與外國間的貿易受到了限制，但到永樂帝時期，他積極開展與各國間的交往，就連中斷了的對日貿易也得以再次開展。

都城北京，作爲一個國際性的大都市更加彰顯其繁榮。

通過畫卷，我們即將進入紫禁城附近，過了正陽門，有幾座白石建造的橋。

越過承天門，即現在的天安門，便進入紫禁城，宮殿內突然雲霧繚繞，只畫有雲中隱隱出現的幾處建築物的屋頂。

這裏彷彿完全與世隔絕一般，有如人間仙境。

《出警圖》展示皇帝與其隨行的行列，在長達二十六米的畫卷上延綿不斷。畫中表現的是皇帝前往北京郊外，到明王朝的陵寢謁陵的情景。

這幅畫卷是了解明代皇帝巡遊外出的重要史料，它同時也顯示出皇權的至高無上。

永樂帝時期在建築紫禁城的同時還創造了一項偉業，那就是修建了被稱作地球上最大建築物的萬里長城。

長城自秦始皇開始，歷代王朝都有修築，到了明代，長城則連綿成一體，東至河北省的山海關，西至甘肅省的嘉峪關，長一萬二千里，因超出萬里而望不到頭，被稱爲萬里長城。

東直門

朝陽門

北京的中軸線

北京的中軸線示意圖

明朝在滅掉元朝之後，原來的統治者蒙古貴族逃回舊地，仍然不斷南下騷擾掠奪，後來在東北又有女眞興起，爲了防禦蒙古、女眞等游牧民族的擾掠，明代十分重視北方的防務，明太祖朱元璋原來就是一個農民起義的領袖，當他取得天下的時候，爲了鞏固其統治，十分重視築城設防的措施。早在朱元璋即將統一全國的時候，就採納了「高築牆，廣積糧，緩稱王」的建議，高築牆就是築城設防備戰之意，因此，明朝不僅將全國各州府縣的城牆修築得十分堅固，而且對長城的修築工程更爲浩大。在明朝的統治過程中，差不多一直沒有停止過對長城的修築和鞏固長城的防務。

明朝長城工程之浩大，自秦皇漢武之

歷·史·典·故

只知汪太監

明憲宗很寵信叫汪直的太監，使汪直掌握了大權。一次，憲宗到後宮看小宦官演戲。戲中醉鬼倒在地上，任差官喊大臣駕到、皇上駕到也不動彈，可一聽差官喊汪太監到，醉鬼卻一下子站起來跑了。差官抓住醉鬼問他爲何不怕皇上卻怕汪太監，醉鬼說：「我只知汪太監，不知還有皇上！」明憲宗看罷大爲驚駭，權勢太大的汪直自此後被趕出京都。

立地皇帝劉瑾

明武宗朱厚照寵信的宦官個個驕橫跋扈，被人稱爲「八虎」，這些人想方設法討武宗歡心，使武宗政務荒疏。大宦官劉瑾權傾之時，因他侍立在武宗身邊，左右武宗的決定，被人稱爲立地皇帝。

歷·史·名·人

■劉基

（一三一一——一三七五）明初大臣、文學家。參與謀劃平定陳友諒、張士誠與北伐中原，輔佐朱元璋平天下。劉精通天文、兵法、數理等，尤以詩文見長。有《誠意伯文集》。

■伊納爵·羅耀拉

（Ignacio de Loyola，一四九一——一五五六）西班牙神學家。一五三四年創建天主教耶穌會。強調會士必須絕對服從教皇的命令。使耶穌會成爲教皇反對歐洲宗教改革運動的重要工具。

後沒有一個朝代能夠與之相比，工程技術也有了很大改進，結構更加堅固，防禦的作用也更大了。我們可以這樣說，萬里長城這個從春秋戰國時期就開始修築，又經秦始皇連成一氣的偉大工程是直到明朝才眞正完成的。

鐘樓

紫禁城地形示意圖

<3> 鄭和出使西洋

除了修建長城，永樂帝還向海外派送使節，欲與其他國家建立友好關係，這項偉業交給了一位名叫鄭和的宦官。

據記載，由鄭和統領的遠洋航行在二十八年間進行了七次。

圜丘壇

鄭和航行的主要航道，直至非洲的東海岸，最初的航海用船六十二艘，同往人員兩萬七千八百人，平均一艘乘員四百人以上。這次遠

天壇

航比哥倫布發現美洲新大陸還要早八十七年，出駛如此龐大的船隊在技術上是否可能呢？

根據舵軸的長度，再對船體進行測算後複製的鄭和主船，實際上是一艘長超過一百三十米，重超過五千噸的巨大船隻。時人稱之爲「寶船」。寶船建有九桅十二帆，官廳、後堂、書房、庫房等指揮及生活設施一應俱全，儼然如帥府一般。寶船的鐵錨重幾千斤，升帆下錨需要二、三百人操作。

南京龍江是明代首先發展起來的造船基地，水域寬闊的龍江關成爲當時造船的中心和水運的樞紐，造鄭和寶船的龍江船廠就位於南京下關的三岔河口。

鄭和船隊的船隻不僅來自龍江船廠，江蘇太倉、福建長樂等地的造船廠也爲鄭和船隊建造各類船隻。

元代以來太倉港就是南北河運與海運的樞紐，當年，鄭和船隊使用的船具、繩纜等用品都是由太倉造船廠製作的。這些船板、舵桿和纜繩印證著當年太倉繁榮而頗具規模的造船業。

太倉劉家港地臨長江口，在元代就因糧船星羅，外商雲集，而號稱六國碼頭，這裏不僅是江南糧食北運的重要基地，也

»»» 歷·史·典·故 »»»

武宗好佛

明武宗信奉佛教。爲了滿足他的志趣，他讓許多宮女剃了頭髮充當尼姑，聽他大講佛法。他總是一時衝動就做出許多類似的不可思議的事。

明世宗好道

明世宗好方術，沉迷道教，大臣們爲了迎合他，也都擺出虔誠於道教的樣子，並爭先爲世宗寫禱告神靈的表文。這種表文又叫做青詞，往往誰的青詞寫得好，誰就會得到明世宗的封賞。歷史上有名的奸相嚴嵩就是靠寫得一手好青詞而平步青雲的。

»»» 歷·史·名·人 »»»

■于 謙

（一三九八—一四五七）明代政治家。一四四九年土木堡之變，明英宗被瓦剌俘獲，他力排南遷之議。一四五七年英宗復辟，被殺。有《于忠肅集》。

■尼克爾·馬基雅維利

（Niccolo Machiavelli，一四六九—一五二七）義大利佛羅倫斯政治家、外交家、思想家和政治理論家。是第一個使政治學獨立，同倫理學徹底分家的人。著有《君主論》等。

出警圖 1

出警圖 2

出警圖 3

佚名的皇都積勝圖

出警圖 4

出警圖 5

出警圖 6

是自元代以來重要的海軍基地。

一四〇五年七月十一日，集結在這裏的龐大的鄭和船隊，鼓樂齊鳴，震撼著寬闊的長江口，桅桿上各色旗幟遮天蔽日，各種船舶構築成了一座船的城市，二百零八艘大船，二千七百八十多名官兵，在欽差三寶太監鄭和的率領下升帆起錨，向著大海啓航。

萬里長城 1

萬里長城 2

萬里長城 3

鄭和船隊順著長江駛入大海，而後沿著東海南下，幾天後抵達福建北部的長樂太平港，一邊等待太平洋冬季信風的到來，一邊進行補給、修整。鄭和船隊停泊的太平港，附近有一片金黃色的稻田，當年曾是一個巨大的港灣，可以想像，二百零八艘船舶雲集在這裏，是一片多麼壯觀的場面。

泉州東郊的靈山上坐落著一座回教新賢聖墓，鄭和當年曾到這裏拜謁行香。保存在長樂南山寺裏的《鄭和航海圖》完整詳細地記載了從中國到非洲的航行線路和導航方法，它不僅是中國最早的不依賴航路說明而能獨立指導航海的海圖，而且也是世界上現存最早的一部航海圖集。

十二月，鄭和船隊從閩江口出海，乘著太平洋東北信風開帆南下，經過臺灣海峽，穿過南中國海到達東南亞。兩年多的時間裏，訪問了越南、柬埔寨、泰國、馬來西亞、印度等國。在後來的第二次、第三次出使西洋中，鄭和船隊遍訪了東南亞和南亞的沿海國家。

西元一四一四年，鄭和第四次出航更是不同凡響，這一次鄭和船隊勇敢地橫跨印度洋，直接駛向紅海和非洲大陸，這是史無前例的創舉，也是世界上有史籍記載的首次跨洋航行。

龍的足跡，隨著六百年前那場聲勢浩蕩的大航海，將歷史悠長的中華文明沿途傳播到各國，對世界文化交流產生了深遠影響。鄭和在第二、第三、第六次下西洋時都到過泰國，清水河畔那座金碧輝煌的三寶廟是當地人爲紀念鄭和而修建的。

歷史再富有想像力，恐怕也難以想到，一個叱咤大洋的中華大航海家，會被塑造成一尊雷打不動的金佛，成爲東南亞華人的精神偶像。

鄭和船隊曾五次到達馬來西亞的馬六甲市，這裏專門有一座紀念鄭和的廟宇，廟裏還有一眼鄭和船隊在這裏補充淡水的水井，當地人稱爲三寶井，來到這裏的華

»»» 天·工·開·物 »»»

明代珠算

中國以算盤爲工具進行數字計算的一種方法。至明代，在商業發展需要條件下，珠算術普遍得到推廣，逐漸取代了籌算。現存最早載有算盤圖的書是明洪武四年（一三七一）的《魁本對相四言雜字》刻本。現存最早的珠算書是閩建（福建建甌縣）徐心魯訂正的《盤珠算法》萬曆元年（一五七三）。流行最廣，在歷史上起作用最大的珠算書則是明程大位編的《直指算法統宗》。

木風箱

鼓風器最早是皮囊，後來是風扇，再後來是風箱。風扇大約發明於西元十世紀以前。活塞式風箱最早見於明代，是一種古老的活塞式鼓風器，記載史見於明代宋應星著的《天工開物》，沿用至今。風箱兩端各設一個進風口，口上設有活瓣，箱側設有一風道，風道側端各設一個出風口，口上亦置有活瓣。通過伸出風箱外的拉桿，驅動活塞往復運動，促使活瓣一起一閉，以達到鼓風的目的。木風箱的動力有人力和水力等。風箱靠活塞推動和空氣壓力自動啓閉活瓣，成爲金屬冶鑄的有效的鼓風設備。

»»» 歷·史·名·人 »»»

■張居正

（一五二五——一五八二）明代著名政治家。推行「一條鞭法」，重視農業、水利事業和商業。在軍事方面重用戚繼光等人，對倭寇、蒙古、女眞的侵擾，堅決抗擊。

■約翰·加爾文

（John Calvin，一五〇九——一五六四）新教神學家和道德學家。一五三〇年發表著作《基督教原理》，概括了新教的基本信仰，並對此做了全面系統的介紹。在任日內瓦宗教和政治領袖期間嚴酷迫害異端分子。

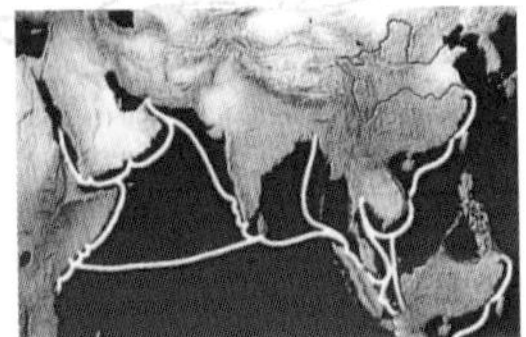
鄭和航行的主要航道地圖

鄭和用的主船再現 1

鄭和用的主船再現 2

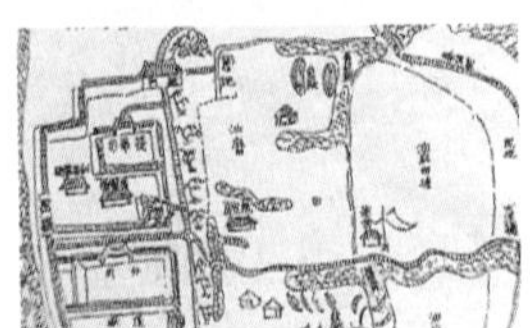
龍江造船廠

太倉劉家港

鄭和出航圖

人都要喝上一杯甘甜的井水，他們說喝了三寶井的水就不會忘記自己的故鄉。

世界上以哥倫布和麥哲倫命名的城市有幾十座，而以鄭和命名的城市卻僅此一座，這就是印度尼西亞的三寶壟，三寶壟城市不大，但華人建起的三寶廟氣勢卻不小。廟裏安放著當年隨鄭和下西洋而遇難的船員，供案上的長明燈近百年而不熄。

鄭和七下西洋的那個時代，大多數的歐洲航海家認爲赤道附近的海水是熱浪滾滾的一鍋沸水。因此，長期遊弋於非洲西海岸，不敢向南航行，直到鄭和七下西洋之後的第三十八個年頭，葡萄牙航海家才慢慢駛進幾內亞，但卻沒敢跨越赤道一步。而英勇無畏的鄭和船隊早在一四一八年就不僅越過了赤道，而且南航直到非洲東海岸南緯三度的麻林。

明朝飛天

鄭和航海圖 1

鄭和航海圖 2

鄭和下西洋早於哥倫布遠航美洲八十七年，早於達加馬繞過非洲好望角九十二年，早於麥哲倫環球航行一百一十四年。

鄭和是他那個時代的巨人，鄭和率領著他前無古人後無來者的偉大船隊，激發大智慧，承受大艱辛，表現大勇敢，在這個藍色的星球上做出了轟轟烈烈的壯舉。

科卿是印度南部一座古老的城市，當地人把中國人留下的漁甑稱之

歷·史·典·故

戚繼光的新鞋子

明代抗倭名將戚繼光出身於武官之家。他父親戚景通文武全才，並很重視對戚繼光的家庭教育。戚繼光小時候，有次穿了雙新鞋很快樂，就炫耀地讓父親看他的新鞋子，戚景通很嚴厲地責備他：「小小年紀怎麼就可以貪圖享樂起來？只知道以吃好穿好爲樂，長大怎麼能知用心帶兵？」從此，戚繼光就一心只想做個好將軍了。

「海青天」治花花公子

明世宗昏庸使奸臣當道，海瑞卻清廉自守不同流合污，他任淳安縣知縣時被人稱爲「海青天」。有一天，與嚴嵩交好的浙江總督胡憲宗的兒子呼朋引伴地過淳安縣，海瑞並不理睬，安排手下人按他規定的最低標準接待胡公子。一路上被高規格迎來送往的胡大公子被激怒了，竟把縣衙的一官吏毒打了一頓。海瑞藉口胡大公子是假冒的，把他抓起來，還沒收了他沿途勒索的幾千兩銀子，並給總督胡憲宗寫信，說懲治了一個假冒他兒子的人。胡憲宗又氣又惱，卻無計可施。

歷·史·名·人

■戚繼光

（一五二八—一五八七）明代軍事家。一五五八年召募金華等地農民、礦工建「戚家軍」。紀律嚴明，戰鬥力強，多次擊破倭寇。一五六七年被張居正調往北京，鎮守薊州，屢敗蒙古諸部。居正死，受排擠，返鄉旋卒。著有《紀效新書》等。

■豐臣秀吉

（一五三六—一五九八）日本世襲武士。明萬歷時戰勝其他割據諸侯，統一日本。曾兩次派兵侵略朝鮮被明政府打敗。他死後很長時間日本不敢再對朝鮮和中國用兵。

爲給他們帶來錢財的「銀行」。

科卿島上一塊刻著英文的石碑上說，這種漁甑的使用開始於十四世紀到十五世紀，是中國人帶來並教會當地人使用的，而這正是轟轟烈烈鄭和下西洋的時間。

鄭和航海圖 3

坦桑尼亞是鄭和從第四次到第七次下西洋都到過的地方，在坦桑尼亞的國家博物館裏珍藏了大量當年鄭和船隊留下的瓷器和航海用品。

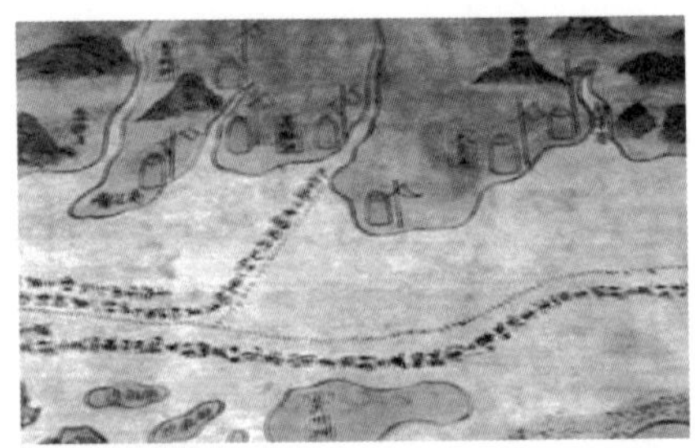

鄭和航海圖 4

在一幅版畫上，畫出了遼闊的非洲大陸、河流與海港，一艘巨大無比的中國龍船正緩緩駛入海港，與鄭和寶船十分相似，寶船的船舷上還掛著一艘小舢板，這種只有在近代的巨型艦船上才有的救生艇出現在十五世紀的鄭和寶船上，足以說明鄭和寶船是當時世界航海史上的奇蹟。

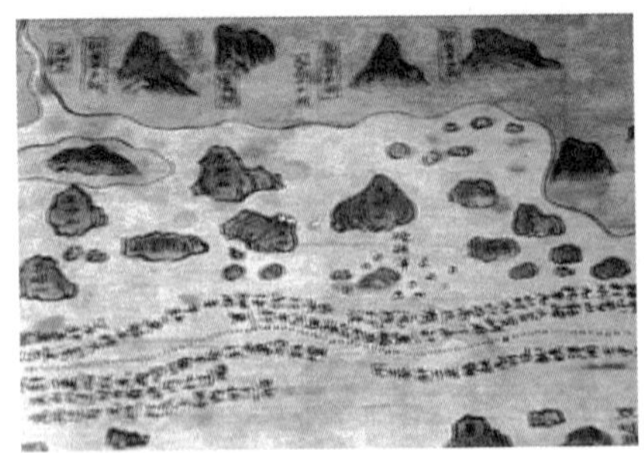

鄭和航海圖 5

一四三一年，年近六十的鄭和，第七次率領龐大的船隊踏上了遙遠的征程，不過這已是國運衰落的大明王朝所做的最後一個四海之夢，在這最後的大航海中，鄭和付出了生命的代價。據《前文記》

記載，鄭和船隊於宣德八年，即西元一四三三年二月二十八日開船返航，三月十一日到古里，七月六日回到南京。鄭和即在此期間病故於海上。茫茫大海，滔滔巨浪，沖刷掉了這位海上偉人去世的具體時間和安葬地點，給歷史留下了一個千古之謎。

民間傳說，同行的將士們按照伊斯蘭教的習俗，在歸國途中將鄭和的遺體葬於大海，將他的衣冠和頭髮帶回了祖國，葬於他生前常年居住的南京，也許這更符合人們的美好願望，只有廣闊無垠的大海才是這位大航海家靈魂的眞正歸宿。

<4> 明朝不斷加強防禦能力

永樂帝對蒙古曾進行了五次遠征，但並未使其疆域擴大，永樂帝也在第五次遠征途中因病與世長辭。

在明代，由於強敵在北方，居庸關、八達嶺一線長城爲外長城，設重軍把守，而京西地區屬內長城邊關，只是列兵布防而已。卻不料，一四四九年和一四五〇年，內長城防線兩次被攻破。其中第一次

»»» 歷·史·典·故 »»»

海瑞備棺上書

海瑞在京城做官時，仍剛正不阿，因不滿皇上昏瞶誤國，他決定冒死上書勸諫。上書前他買好棺材，遣散家人，然後帶著棺材去遞摺子。他在奏摺中直言不諱，竟把民謠「嘉靖嘉靖，家家皆淨」寫上去，使嘉靖皇帝大怒，海瑞死罪雖免，卻被關進了大牢。

明熹宗好木工

明熹宗朱由校稟賦聰明，尤喜歡動手製作木工活兒。他對各種精巧的工藝品和帶機關裝置的物件研究頗深，並常常親手製作。他造的宮殿模型精美絕倫，讓人歎爲觀止！因爲他常沉溺於此，不免疏於政務，終於給親信宦官魏忠賢創造了左右朝政的機會。

»»» 歷·史·名·人 »»»

■馬丁·路德

（Martin Luther，一四八三—一五四六）德國宗教改革家，路德宗創始人。一五一七年發表《九十五條論綱》否定教皇權威。他認爲只要信仰上帝就能得救。他還將《聖經》譯成德語。

■袁崇煥

（一五八四—一六三〇）明末軍事家。一六二四年守寧遠，用紅夷炮擊敗努爾哈赤。後受魏忠賢排擠去職。一六二八年起爲兵部尚書，鎮寧遠。後金行反間計，被冤殺。詩收入《袁督師遺集》。

泰國三寶廟

印尼的三寶壟

泰國三寶廟中的鄭和金身

印尼的三寶壟的三寶廟內

馬來西亞的麻六甲紀念鄭和廟宇中的鄭和雕像

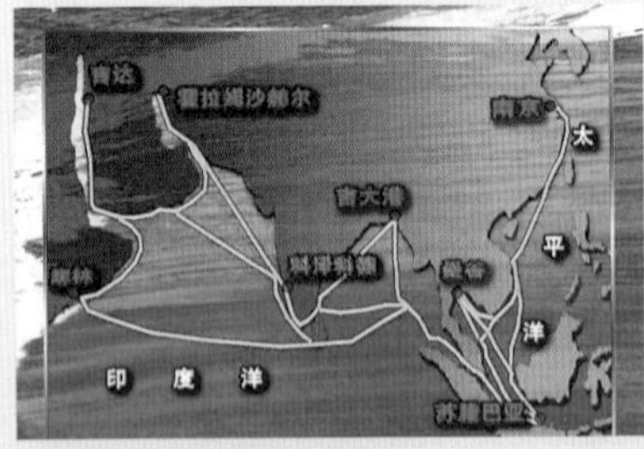

鄭和下西洋地圖

印尼的三寶壟示意圖

鄭和像

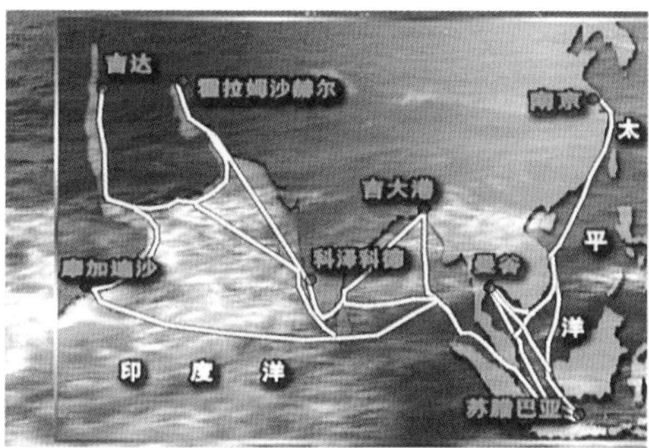

↑ 印度科卿所在地圖

↑ 中國人在印度科卿留下的漁甑

「御駕親征」的明英宗甚至做了蒙古軍的階下囚，史稱「土木之變」，從此明王朝不敢懈怠，開始大力加強防禦能力。

天津關是明朝的緊要外口，它位於進京古道和內長城的結合部位，是防禦西北來犯之敵的第一道邊關。明軍首先在這裏置關設險，在天津關西北處的制高點黃草梁上加築烽火臺。

》》》歷·史·典·故》》》

鬥彩

明代在釉下青花輪廓線內添加釉上彩而燒成的一種瓷器，由於釉下彩青花與釉上彩繪爭奇鬥豔，故名「鬥彩」。明代瓷器加釉方法的多樣化，標誌著中國製瓷技術的不斷提高。成化年間創燒出在釉下青花輪廓線內添加釉上彩的「鬥彩」，嘉靖、萬曆年間燒製成的不用青花勾邊而直接用多種彩色描繪的五彩，都是著名的珍品。

《本草綱目》

明代李時珍的《本草綱目》共收錄了中藥一千八百三十二種，共五十二卷。李時珍根據古籍的記載和自己的親身實踐，對各種藥物的名稱、產地、氣味、形態、栽培、採集、炮製等作了詳細的介紹，並通過嚴密的考證，糾正了前人的一些錯誤。他在書中介紹和考證了許多來自南亞的藥物，並廣徵佛書，給其中許多藥物注出了梵文譯名，這是十分難能可貴的。

》》》歷·史·名·人》》》

■史可法

（一六〇二—一六四五）明末軍事家。南明時任兵部尚書。北京失陷後受馬士英排擠，督師揚州。清兵至，城破，自刎不死，被俘，不屈死，以袍笏葬於城外梅花嶺。人稱史閣部。有《史忠正公集》。

■奧利弗·克倫威爾

（Oliver Cromwell，一五九九—一六五八）英國政治家、軍事家。統率鐵騎軍參加清教徒革命，屢立戰功。一六四九年處死英王查理一世，建立軍事獨裁的「共和制」，一六五三年開始自任「護國公」。

明朝童子持蓮佩飾

海拔一千七百多米的黃草梁上有七座烽火臺，至今保存完好。烽火臺之間有城牆連綴，構成嚴密的防禦體系。這樣的烽火臺，當時在內長城沿線竟有一千五百座。天津關東面的沿河城，扼兩道山口一條水口，西山中地形之險，山谷之雄莫過於此地。

除了敵樓，明廷還在這裏修築城堡，並設守禦千戶所駐防。而在沿河城南面的齋堂再建城堡一座，稱之爲齋堂輔城。從而與主城形成犄角之勢，便於戰時相互增援。

西元一四四九年，蒙古軍入侵的消息傳至紫禁城。

第六代皇帝正統帝親自出征，擁有五十萬人的明軍，卻被蒙古軍打得大敗，正統帝當了俘虜。

蒙古軍乘勝進攻北京，圍都城達五日之久。

王朝內部出現了交出紫禁城、逃往南京的意見。這時，兵部侍郎于謙提出堅守紫禁城的主張，擁立正統帝之弟做皇帝，以破蒙古軍的圖謀。但在皇帝被釋以後，將擁其弟稱帝的于謙等人以謀反之罪全部處了死刑。

這次事件也成爲明王朝內部開始動搖的契機。

坦桑尼亞位於達累斯薩拉姆市的國家博物館中珍藏的鄭和船隊留下的瓷器

坦桑尼亞國家博物館中珍藏的描寫鄭和船隊的版畫

南京牛首山鄭和墓

<5> 江南工商業迅速發展

開始動搖的明王朝依靠著江南富足的經濟力量作爲支撐。擁有「穀倉」美譽的江南地區，這時出現了工商業的急速發展局面。

《南都繁繪圖》反映了明中期南京的繁榮場面，各種商店比比皆是，擁擠的人群以至於塞滿了道路。

帶給南京繁榮的主要原因，是農村開始出現了紡織業。

明初的洪武帝爲使農民的衣食自給自足，便發出了種稻以外需種桑麻棉的號令，最終促使在種稻之外，農民開展了能有收益的用絲及棉進行紡織的手工業，並盛行起來。這是江南工商業發展的一個原因。

長一百四十八釐米的「黃緞地——墜

歷·史·典·故

鐵腸左光斗

明熹宗時，東林黨人左光斗上書彈劾魏忠賢，反被魏忠賢誣告而打入大獄。左光斗的學生史可法非常掛念老師，花了銀子買通獄卒後得以一見自己的老師，他見老師被打得皮開肉綻，大腿處都露出了白骨，不禁失聲痛哭，左光斗卻大聲責備他不該來此處，並打翻史可法敬獻的酒菜，他說：「國家災難深重，你還有那麼多事情要做，你怎麼可以不顧惜自己跑來看我呢？」史可法知道鐵腸老師有一顆忠義的心啊。

絕交苦讀

明代的唐伯虎是中國古代書畫家中的奇才，他少小就「性極穎利」，「聰明絕殊凡」，十六歲即考中秀才。但他喜歡杯中物，而且放蕩不羈，很讓人擔心他難以成家。當有人勸他專心科舉，他就說試試吧，但只考一次。此話出口後，他就開始「醸户絕交」，即把窗户用黃泥糊死，不同外人來往，一心唯讀經書、習作八股文章。功夫不負有心人，唐伯虎果然一舉中的，考取應天府鄉試第一名，被人稱爲唐解元。

灑線──繡百花攢龍袍」，是皇帝每逢喜慶時身穿的絲製衣服。龍袍上繡著鮮豔的龍與花紋，代表土地的黃色緞子上，也有龍的影子，這是反映明代紡織水準的一件絕品。

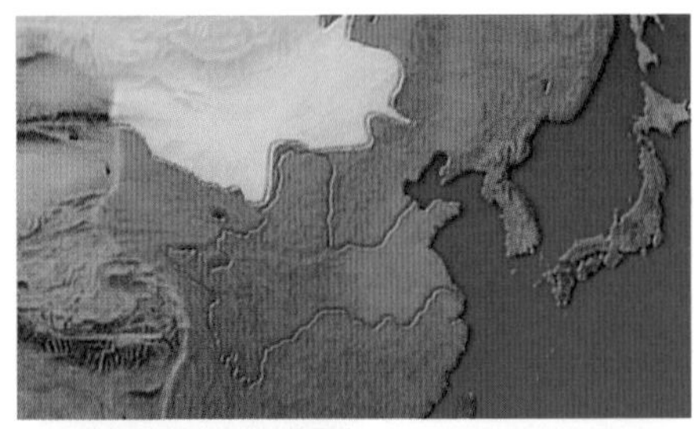

永樂時期的明朝疆域圖

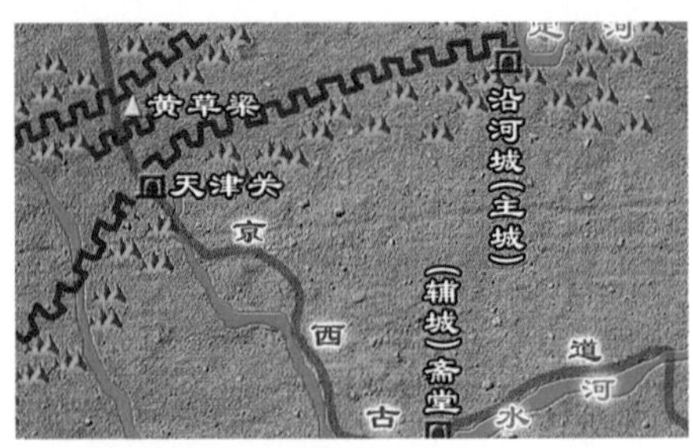

天津關附近防衛建築圖

<6> 明代的繪畫藝術

江南的工商業發展也帶動了新文化的產生，這是生活富足起來的人們開始對書畫、戲劇等方面產生廣泛興趣的一種表現。

江南的經濟中心──蘇州，現在依舊上演著反映當時社會情狀的戲劇。

《唐伯虎傳奇》劇目，是一齣以明代中期活躍在蘇州的文人畫家唐寅爲主人翁的劇目。唐寅曾考取科舉，成績名列前茅，卻

天津關西北處的黃草梁的烽火臺

沿河城

南都繁繪圖 1

南都繁繪圖 2

南都繁繪圖 3

南都繁繪圖 4

南都繁繪圖 5

⬆ 吳偉的《歌舞畫軸》

⬆ 黃緞地—墜灑線—繡百花攢龍袍

被懷疑作弊而入獄。失意之後，他回到了故鄉蘇州。

從此之後的唐寅過著放浪不羈的生活，並經常作畫。

出自唐寅之手的《琴氏圖》，畫的是一位古代文人在山間瀑布前正彈弄著琴弦。古代文人經常以琴的音色與旋律，反映出自己的思緒，以尋求心心相印的知音。

蘇州文人畫家代表人物沈周的《蒼崖高畫圖》，繼承了元末時期嚴謹的文人畫流派，在運筆上，他講求一種鏗鏘有力的畫法，簡潔之中感覺出力量的存在。

這幅山水畫能看出文人畫家的恬淡心境，它是沈周七十歲左右的作品。

沈周出身於一個富裕家庭，但卻不想做官求取功名，一生與農民生活在一起。沈周一邊作爲小官在農村從事稅務，一邊作畫。這樣的恬淡生活，深深浸潤著畫家的人文理想。

《春遊晚歸》是明代宮廷繪畫代表人物戴進的作品。

這幅山水畫描寫的是和暖春日，傍晚時分情景，它繼承了南宋時期的宮廷畫畫風，是明王朝對漢文化傳統有一種強烈歸屬意識的表現。

在令人神怡的春色下，一位晚歸的主人正在關著的家門前叩門。

這幅畫寓意出富足與平和，運用這種畫風體現國家的繁榮，是宮廷繪畫的傳統。

<7> 景德鎮的瓷器製造業

「青花蟠龍天球瓶」中的藍色傳說是由鄭和帶來的鈷產出的。與元代的青花瓷相比，色調更加鮮明。在悠久的陶瓷發展史上，青花瓷器在永樂年間達到了鼎盛時期。

「青花海水白龍紋扁壺」是永樂時期青花瓷的代表作品，海的部分用鈷進行發色，用白色突出了龍的形象。

在洶湧的海濤上強調出一條強悍的龍在飛躍，表現出明王朝的雄姿在海外騰飛的景象。那時的大明王朝在世界範圍內已屬盛極一時的帝國。

「五彩穿花龍大盤」，直徑長達四十七釐米，由於它分別發出紅、綠、黃、藍等

》》》歷·史·典·故》》》

富起聚寶盆

明初大富豪沈萬三曾贊助明太祖修金陵城牆，可見其可敵國之富。傳說他是因爲放生青蛙致的富。沈萬三是個大善人，有一天，他從打魚的手中買了一百多隻活青蛙，並將其全部放了生，不想青蛙聚在他家門口鼓鳴了一夜。第二天，沈萬三發現這些青蛙紛紛跳入了一個瓦盆中，他很好奇，就將瓦盆帶進家裏用。他妻子一次不小心將手中銀戒指掉進瓦盆，剛要取出來，卻見瓦盆中裝滿了銀戒指，沈萬三非常驚異，他取來一塊金子放進瓦盆，立時，瓦盆裝滿了金子。自此，沈萬三變成了大富豪。後人所說的「聚寶盆」就出自這位大富豪的瓦盆。

唐伯虎的紅粉知己

儘管才高名大，唐伯虎一生並不得志，他的元配妻子離他而去後，他與官妓沈九娘認識。九娘將自己的妝室借與唐伯虎做畫室，並盡心安慰他。後來九娘脫離樂籍，與唐伯虎喜結連理。九娘爲唐伯虎生了女兒，並不辭勞苦地持家侍夫，與唐伯虎共度苦寒歲月。九娘死後，唐伯虎再未續娶，並一度皈依佛家。

》》》歷·史·名·人》》》

■顧炎武

（一六一三—一六八二）明末清初思想家、史學家。學識淵博，在經學、史學、音韻小學諸學，都有較深造詣，對陸王心學作了總結。著《日知錄》等書近五十種。

■弗蘭西斯·培根

（Francis Bacon，一五六一—一六二六）英國哲學家和科學家。現代實驗科學的眞正始祖。著有《新工具》（一六二〇）認爲：認識自然界不能靠演繹法，而應靠歸納法。

沈周的《蒼崖高畫圖》局部

顏色而稱之爲五彩瓷器。

明代中後期的瓷器在色調上十分華麗。「五彩團龍花籬」就是五彩瓷器的傑作。

江南的繁榮對景德鎮的瓷器也帶來了極大的影響，稱爲鬥彩、五彩，色澤豔麗的瓷器出現了，其造型與色彩深受人們的喜愛。

鬥彩是指先用鈷畫出輪廓，用高溫燒製，之後再加以其他顏色，用低溫進行燒製。這是到了明代才製造出的一種享譽盛名的瓷器。

「青花纏枝花紋壓手杯」，高約五釐米，「壓手杯」是可置於手掌中的杯子，是永樂時期出自景德鎮的絕品。

明王朝在景德鎮設立了供宮廷專用的窯——官窯，自永樂帝時期開始，由官窯製作的瓷器可用皇帝的年號記載其產出的時間——「永樂年製」的文字，據此就可判斷，這個時期出產高品質的瓷器精品。

唐寅的《琴氏圖》

洪武三十五年，明朝政府開始在景德鎮設立「御器廠」，由朝廷派太監作爲「督陶官」，爲宮廷生產高檔御用瓷器，促使景德鎮不斷擴大新

戴進的《溪堂詩思畫軸》

品種，也帶動了民窯的進一步發展。明代景德鎮製瓷業盛況空前，所謂「工匠四方來，器成天下走」，法國傳教士驚歎其規模的壯觀，「白天爐煙遮蔽了雲彩，晚上窯火燒紅了夜空」。

明末宋應星撰寫的《天工開物》被譽爲「十七世紀的工藝百科全書」，在這部書裏，景德鎮的陶瓷工藝的全部生產過程都被詳細地記錄下來。

明代的許多手工業在技術和藝術上較之前代都有顯著的進步，景德鎮成爲歷代陶瓷藝術的集粹之地，凡是前代已有的品種，此時應有盡有，大量的新工藝和新的裝飾手法也先後湧現。明中期以後，

明．陳洪綬
對鏡仕女圖

不僅宮廷所用瓷器全部由景德鎮御器廠供應，就連民間的中上階層民衆也幾乎普遍使用景德鎮民窯所產的瓷器，甚至連西藏上層人士的生活用瓷也在景德鎮定製。

一件陶瓷佳器的產生是一個十分複雜又十分勞累的過程，據說一隻普通的杯子細分起來，工序達到七十二道之多，因此有「過手七十二方可成器」的說法，每道工序都得到簡化，煉泥的只管煉泥，拉坯的只管拉坯，裝窯的只管裝窯，出窯的只管出窯。彩繪也是「畫者畫而不染，染者染而不畫」。如此分工明細，完全是爲了提高效率。

當時瓷器的生產量是巨大的，單是明代嘉靖時官窯每年燒製的「五色龍鳳」瓷器這一個品種就達十四萬三千餘件；而萬曆四十二年，由荷蘭船運銷歐洲的瓷器就達六萬多件，對於純粹的手工製作來說，如果沒有精細明確到可以進行量化管理的分工，是絕對難以勝任的。分工促進了效率，也使品質有了保證，景德鎮人似乎早就在按照流水線的機制組織瓷器的生產了。

在明代，整個中國和世界對景德鎮瓷器的狂熱需求，使得連續開採了二百多年的「麻倉土」在萬曆年間開始枯竭，但景

»»» 天·工·開·物 »»»

活塞式風箱

活塞式風箱最早見於明代，是一種古老的活塞式鼓風器，記載於明代宋應星著的《天工開物》，沿用至今。風箱兩端各設一個進風口，口上設有活辦，箱側設有一風道，風道側端各設一個出風口，口上亦置有活辦。通過伸出風箱外的拉桿，驅動活塞往復運動，促使活辦一起一閉，以達到鼓風的目的。木風箱的動力有人力和水力等。風箱靠活塞推動和空氣壓力自動啓閉活辦，成爲金屬冶鑄的有效的鼓風設備。

觀象臺

位於中國北京東城建國門立交橋西南角。初名司天臺，後稱觀星台，清改名觀象臺。觀象臺建於明正統年間，正統十一年（一四四六）形成以紫微殿爲主的建築群，具現在所看到的規模和布局。一九〇〇年，八國聯軍入侵北京，觀象臺的天文儀器被洗劫一空，後又歸還。觀象臺今爲北京天文館的一部分，並發展爲古代天文博物館。是中國全國重點文物保護單位。

»»» 歷·史·名·人 »»»

■羅貫中

（生卒年不詳）元末明初文學家。傳曾投身張士誠幕下。撰有雜劇《風雲會》，今存。有歷史小說《三國志通俗演義》（即《三國演義》）流行於世。

■笛卡爾

（René Descartes，一五九六—一六五〇）法國哲學家、科學家和數學家。提出了唯理論的原則，認爲人的知識不是來源於感覺經驗，而是來源於理性。著有《方法論》等。

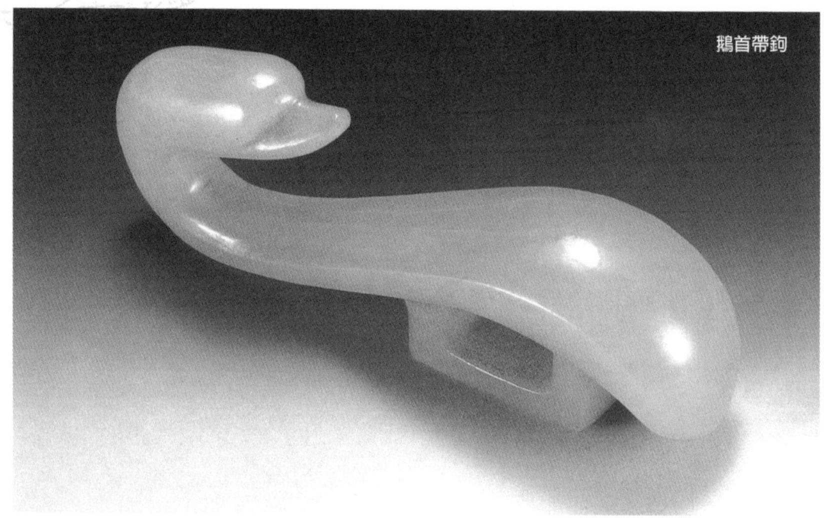
鵝首帶鉤

青花蟠龍天球瓶

青花海水白龍紋扁壺

德鎮人又適時在東部的高嶺山找到了比麻倉土性質更為優越的白色黏土——高嶺土，高嶺土以其粒細色白，化學性質穩定，吸收能力強，熔化溫度高等特性而成為製造高級陶瓷的上等原料。

一位傳教士把這種土帶到了西方，交給了化學實驗室，於是，全世界都把這種白色的黏土叫高嶺土。

曾經拯救過景德鎮的製瓷業的高嶺土，也就成了景德鎮的神，像窯神、火神一樣受到

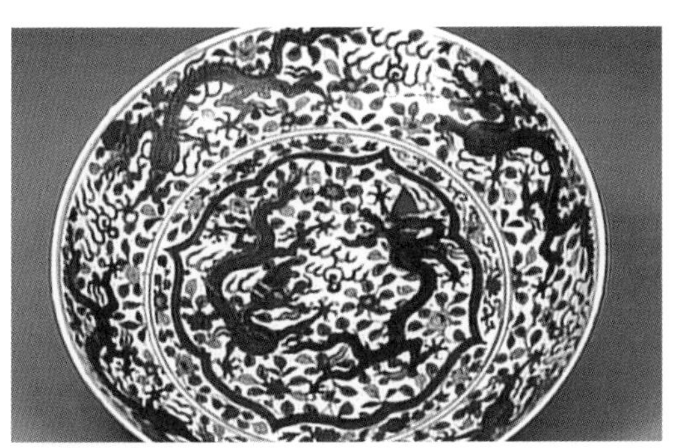
五彩穿花龍大盤

五彩團龍花箍局部圖案

景德鎮人的祭祀。

但歐洲來的傳教士沒有把它當做神靈來崇拜，而是把它的樣品送進了歐洲科學家的實驗室。

後來，歐洲生產的機製瓷器開始返銷中國。面對這樣一個野心勃勃的學生和對手，封疆禁海的大明朝及其治下的景德鎮，卻毫無心理準備，在田園情調中還在溫習著昔日的舊夢。

景德鎮座落於一個群山環繞的小盆

»»» 歷·史·典·故 »»»

唐寅戲弄文徵明

唐寅自稱「江南第一風流才子」，經常同平康妓家的姑娘們廝混在一起。他的好友文徵明卻不狎妓，唐寅便有意戲弄他。一次遊竹堂寺，唐寅先帶眾妓到，待文徵明過來，眾妓女蜂擁而上，爭邀他飲酒，嚇得文徵明落荒而逃。又有一次，唐寅邀文徵明到石湖飲酒，待文徵明酒至半酣，唐寅讓早已藏在船裏的妓女進酒，嚇得文徵明站起來就走，眾妓拉住他不放，文徵明還是跳上條小船逃跑了。

「紅丸」斃命

明光宗朱常洛只做了一個月的皇上就駕崩了，據說他是死於「紅丸」。

明光宗荒淫無度，身體很糟。有個叫李可灼的官員進獻了一顆據說是祖傳的紅藥丸給光宗，光宗服後精神飽滿，紅光滿面，就賞賜了李可灼，並命他再獻。可是，光宗吃過第二顆紅丸後竟一命歸西了。這就是歷史上的「紅丸案」。

»»» 歷·史·名·人 »»»

衝冠一怒爲紅顏

李自成進北京後，曾想招降駐防寧遠的吳三桂，但吳三桂聽說他在北京的家財被沒收，尤其是他的寵妾陳圓圓被搶走，不禁怒髮衝冠。他下令軍隊爲死去的明帝朱由檢披麻戴孝，誓雪帝仇，並引清軍入關聯合滅大順政權，致使清朝由東北一隅的小朝廷一舉成爲統治全國的帝國。

地，發源於黃山的昌江，自北向南貫穿而過，從鄱陽湖匯入長江。據說景德鎮這個名字就來源於宋眞宗景德年間燒製的瓷器，事實上景德鎮製瓷的歷史最早可以追溯到漢代。

青花纏枝花紋壓手杯

宋代是中國瓷器的大發展時期，瓷窯遍布南北各地，形成了五大名窯，八大瓷系，產品開始銷往海外。以前中國人的生活用品主要是金屬器和漆器，後由於瓷器的崛起和普及，昂貴的金屬器和漆器便逐漸從中國人的生活用品中退了出去。專爲宮廷燒製瓷器的官窯也在宋代出現。官窯和民窯兩種瓷窯的共存，促成了宋明兩代瓷器的興旺發達。

隨著宋室南渡，南遷的工匠把北方先進的製瓷技術帶到景德鎮，加速了景德鎮製瓷業的崛起。南宋中後期，景德鎮瓷業出現第一次原料危機，風化較好的上層瓷石被採光用盡，而中下層瓷石卻不適於製作瓷器。這個時候景德鎮人在麻倉山意外地發現了一種特殊的黏土，把它同那些已經不堪使用的中下層瓷石混合在一起，一種二元配方的更優質的製瓷原料就這樣誕生了。憑藉這種原料，景德鎮燒製出了一種像玉一樣晶瑩潤澤，色調白中隱青的優質瓷。

元王朝在景德鎮設立了全國唯一的製瓷機構——浮梁瓷局。景德鎮由此獲得了專門燒造官府用瓷的特許權，這一歷史機緣之所以落到景德鎮，就因爲青白瓷的潔白雅致正好迎合了元人「以白爲吉」的國俗。

製陶的發明與人類知道用火有密切的關係，被火焙燒的泥土和落入火堆的黏土會變得堅硬定型，這啓發了原始先民有意識地用泥土製作他們需要的器物。

中國現存最早的陶器殘片出土於南方地區的一些洞穴居住遺址中，其年代距今約九千至一萬年左右，它們是用最原始的「平地堆燒法」燒製而成的。

後來出現了窯爐，窯爐使硬陶和原始瓷的燒製成爲可能。

景德鎮在宋元之際發明的「蛋型窯」可以在窯內形成遞次溫差，一個窯內可以同時燒成不同溫度要求的四十個品種的瓷器。事實上，我們的古人就是用「陶均萬物」這個詞來形容大自

鬥彩花鳥紋高足杯

鬥彩花鳥紋高足杯圖案

天·工·開·物

金冠

現藏於定陵博物館的明代金冠就出土於定陵，是一九五八年對明神宗的陵墓保護性發掘時發現的。此金冠高二十四釐米，神宗皇帝的御用品，有著極高的歷史價值。金冠外形承繼了唐代襆頭形式，是由包頭巾發展變異而來的，明代較爲流行。金冠主體以金絲編織網狀帽甚，頂部飾有二龍戲珠圖案，下部以一金圈固定。這種帽子後來被民間俗稱爲「烏紗帽」。

妝花

古代絲織物織造技法，是用各種彩色緯絲，在織物上以挖梭的方法形成花紋。構成方法是在地緯通梭之外，主要用繞有各種不同顏色的彩絨緯管，按花紋設計進行局部分段的挖花盤織妝彩，花紋顏色可達十幾至幾十種，橫向花紋可以任意換色，達到變幻無窮、五彩繽紛的效果。該法如用於緞地上，其織物則稱妝花緞；用於羅地上，織物即稱妝花羅；用於絹地上，織物便稱妝化絹。浙江圖書館所藏的《大藏經》，其封面的裝裱材料便是明代妝花緞的精品——綠地纏枝蓮妝花緞。

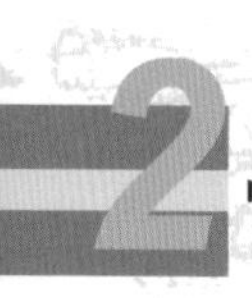

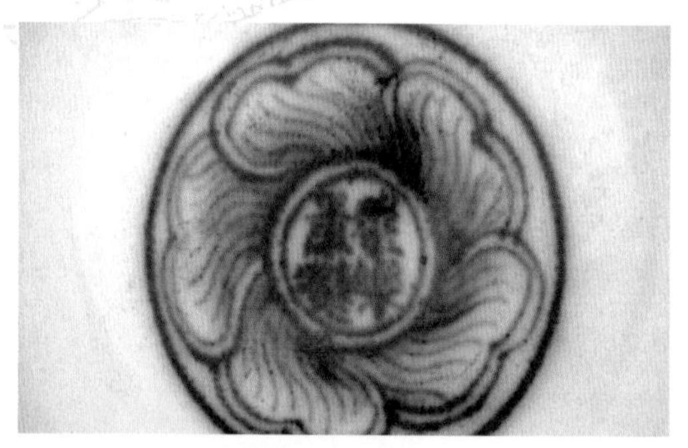

官窯瓷器上符「永樂年製」的文字

景德鎮明朝葫蘆窯遺址

然的偉大創造力的。在駕馭水、土、風、火的文明進程中，中華民族以綿延不斷的歷史和新意迭出的創造，一步一步把陶瓷製造推上至善至美的造境。

由於陶瓷的燒製要兼濟天時、地利與人巧，更由於窯中風火難以控制，祈求釉陶神靈的保佑便成爲點燃窯火前極爲神聖的儀式，因爲火的任性是災難性的。

但是火使一切發生了變化，火使一切變得純潔，火的傑作帶著深刻的人的烙印，把一個個鮮亮的靈魂呈現給人類。

熱情奔放的窯火燒出了輕盈冷豔的青花，它那超塵脫俗的氣質傾倒了整個人類。

景德鎮製瓷業從元代的崛起到明代的繁盛，留給了我們許多值得品味、值得浮想聯翩的話題。爲什麼景德鎮能夠苟全於亂世，在戰火硝煙的洗禮中蓬勃發展，並從資源枯竭的絕境中發明二元配方的新一代原料，又如此及時地以其創新產品迎合了新的統治者的需要，到底是歷史機緣創造了景德鎮奇蹟，還是景德鎮人創造了歷史機緣？

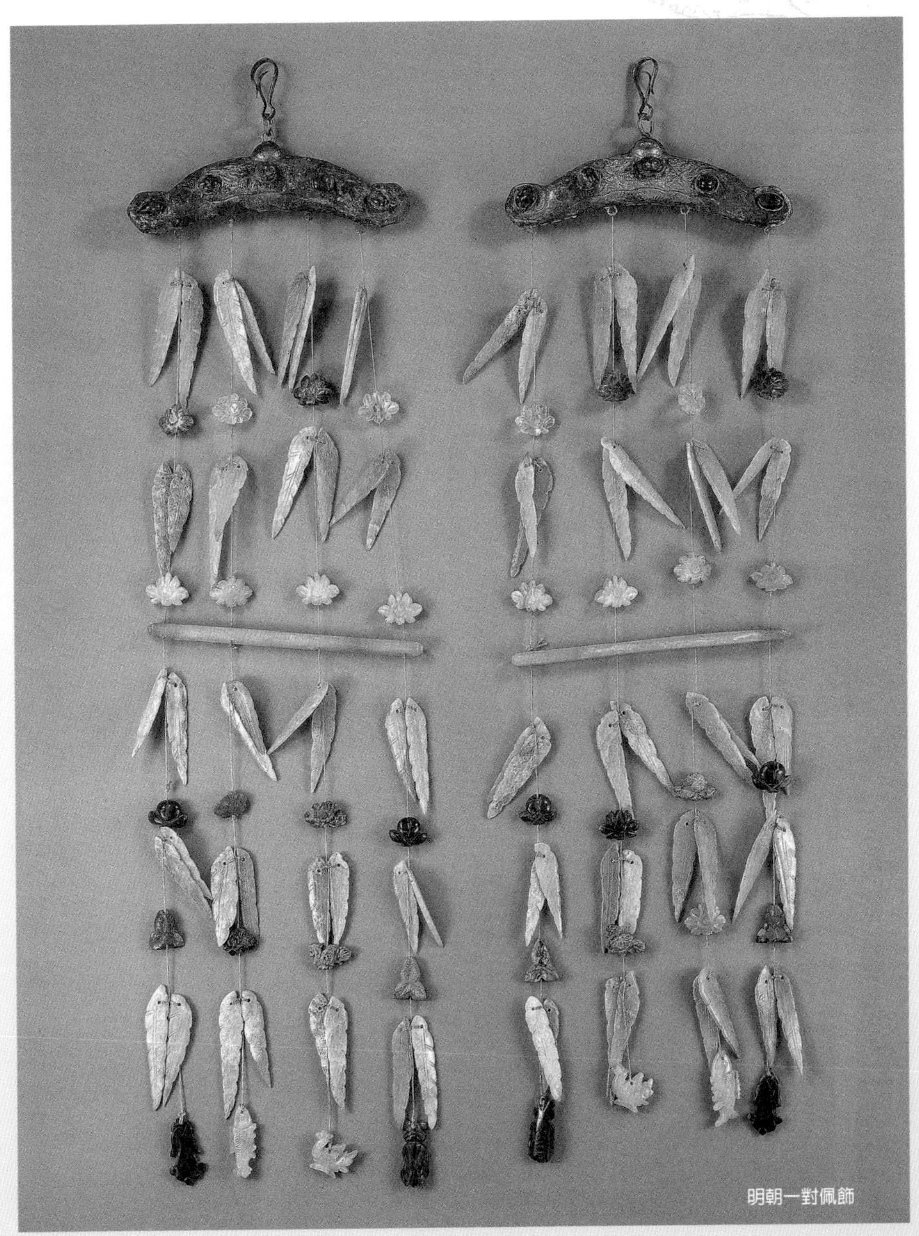

明朝一對佩飾

景德鎮人利用元人尚白的國俗贏得了生活空間，又利用青花瓷器雅俗共賞的藝術魅力和製作過程相對簡化的工藝優勢，把它發展成爲一種極具競爭力的產品，並隨著元朝同三個蒙古汗國的政治、軍事相關聯，迅速走向橫跨歐亞的廣闊市場。

迄今發現的景德鎮古窯都分布在昌江及其支流沿岸，河水把偏處贛東北山區的景德鎮同整個世界連爲一體。一位明代詩人在描寫昌江兩岸風光時這樣寫道：「陶舍重重倚岸開，舟帆日日蔽江來」。代表中國的瓷器從昌江乘船順流而下，駛向長江，行銷九域，駛向大海，遠銷外洋。

在南京鄭和紀念館，有一艘船隊的模型，在一艘十五世紀最

高嶺土

景德鎮的高嶺土聖佑全祖師像

景德鎮

南宋哥窯五足洗

廣利窯神

龐大的艦隊的船艙裏，堆積著來自景德鎮的許多瓷器。優秀的景德鎮瓷器成爲鄭和向外洋各國宣傳中華文明的最好的器物，也成爲鄭和展開和平外交時饋贈鄰邦的最好的禮品。

在英國倫敦，有好幾座博物館珍藏著數量龐大的中國古代瓷器，十九世紀以來，由於高價收購和暴力掠奪，中國名瓷

歷·史·名·人

■吳承恩

（約一五〇〇—約一五八二）明代作家。西遊記的作者。神話小說《西遊記》描寫孫悟空等四人保護唐僧西去取經。表達人性擺脫一切束縛、追求自由的願望；有一種強烈的叛逆性。

■蒙田

（Michael Eyquem de Montaigne，一五三三——一五九二）法國作家。宣揚一種超越教育、階級、民族和種族的新人文主義，主張寬容。作品有《蒙田論生活》、《隨筆集》等。

■鄭和

（一三七一——一四三三）明代航海家。又稱三寶太監。曾七下西洋，最遠到達非洲東岸肯亞的蒙巴薩。

■拉伯雷

（Françis Rabelais，一四九三——一五五三）法國作家。一五三〇年後，在里昂行醫，是法國最早研究解剖學的醫生之一。長篇小說《巨人傳》認爲宗教迷信妨礙社會向前發展。

■鄭成功

（一六二四——一六六二）明末清初民族英雄。南明時，賜姓朱，改名成功。堅持反清復明。一六六一年趕走荷蘭殖民者，以臺灣爲抗清基地。

■克利斯托弗·哥倫布

（Cristoforo Colombo，約一四五一——一五〇六）義大利航海家。一四九三年第一次航行，發現新大陸。美洲的發現和新航路的開闢證明了大地球形說的正確性，促進了舊大陸與新大陸的聯繫。

南京鄭和紀念館

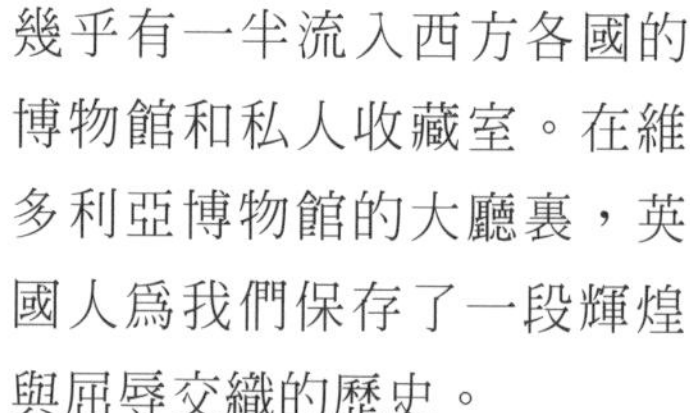

幾乎有一半流入西方各國的博物館和私人收藏室。在維多利亞博物館的大廳裏，英國人爲我們保存了一段輝煌與屈辱交織的歷史。

十六世紀之前，收入歐洲的中國瓷器是極其有限的，到十六世紀初期，景德鎮開始生產西方市場所需要的瓷器。明朝末年，荷蘭海軍襲擊葡萄牙船卡特利娜號，從船上掠得中國瓷器六十多噸，後來運到阿姆斯特丹拍賣，轟動歐洲。歐洲的王公貴族從未見過如此精妙雅致的器物，驚訝、羨慕，爲之傾倒之餘，開始瘋狂收購。於是，來自景德鎮的中國瓷器成爲當時歐洲最貴重

南京鄭和紀念館的鄭和像

英國維多利亞博物館

昌江沿岸舊景

元朝纏枝牡丹紋梅瓶

元朝纏枝牡丹紋梅瓶局部

明嘉靖年間青花群仙祝壽圖蓋罐局部

的奢侈品。

到了明代後期，景德鎮瓷器的輸出達到鼎盛階段。在倫敦，出現了數十家經銷和承接委託定製中國瓷器的專門商店。貴重的中國瓷器被歐洲人稱爲白色的黃金，中國瓷器的大規模輸出導致了歐洲各國的金銀庫存迅速枯竭。隨著景德鎮瓷器一船一船揚帆出海，世界各地的白銀像水一樣嘩嘩流入中國，以至於引發世界範圍的白銀恐慌，中國成爲當時世界上最大的貿易順差國。

在景德鎮，手藝的傳授是以血緣家族爲紐帶的，元明清三代，景德鎮居民都聚族而居，稱爲「匠族」，聚族而居的匠族，集結成大大小小的行幫，進而控制操持了景德鎮的民間瓷業。行幫對外具有天生

英國維多利亞博物館内保存的中國瓷器 1

英國維多利亞博物館内保存的中國瓷器 2

英國維多利亞博物館内保存的中國瓷器 3

英國維多利亞博物館内保存的中國瓷器 4

明皇陵的墓道

明皇陵的華表

明皇陵的石牌坊

的排他性，商業競爭常常演變爲行幫爭鬥，行幫對內又具有極強的封建性和保守性，劃地爲牢，墨守成規，壓制競爭，抵制變革，正是由於官窯和行幫對市場化的有序競爭所產生的消極作用。明末清初，景德鎮官窯已經完成不了宮廷對瓷器的大量需求，一部分民窯得到特許，開始燒製

歷·史·名·人

■徐光啓

（一五六二——一六三三）明末政治家、科學家。通天文、曆算，習火器。入天主教，與義大利傳教士利瑪竇研討學問。奉命修正曆法。注重經世實用之學。譯有《幾何原本》等。

■威廉·哈威

（一五七八——一六五七）英國醫學家。實驗生理學的創始人之一，他首次闡明了血液循環的原理，爲近代生理學奠基了基礎。著有《動物心血運動的解剖研究》等。

■徐 渭

（一五二一——一五九三）明代書畫家。字文長，號青藤山人等。其山水畫，縱橫不拘繩墨；人物畫亦極生動。著有《徐文長集》及雜劇《四聲猿》等。

■開普勒

（Johannes Kepler，一五七一——一六三〇）德國天文學家、光學家、數學家。提出行星運動三定律（即開普勒定律），爲牛頓發現萬有引力定律打下了基礎。著有《宇宙的神秘》、《光學》、《彗星論》等。

■祝允明

（一四六〇——一五二六）明代書法家。字希哲，號枝山。楷書師法趙孟頫、褚遂良，並從歐、虞而直追「二王」。作品有《太湖詩卷》，《箜篌引》和《赤壁賦》。《名山藏》說：「允明書出入晉魏，晚益奇縱，爲國朝第一。」

英國維多利亞博物館內保存的中國瓷器 5

英國維多利亞博物館內保存的中國瓷器 6

南京明孝陵

官窯瓷器，這種「官搭民燒」制度的實施，使景德鎮民窯局部性地突破官窯壟斷的限制，而得到較大發展。

精美的官窯瓷器上只刻有皇帝的年號，我們能夠辨識出每個皇帝對於瓷器的個人趣味，卻無從聽聞那些能工巧匠艱辛創造的故事。

明中後葉，東西方開始正面接觸，兩種文明的競爭初見端倪。在此時，世界通過瓷器認識中國，固然是瓷器之幸，卻並非中國之幸。西方文明以堅船利炮的血腥方式，打開了自明代以來閉關自守的中國大門，給愛好和平的中華民族的心靈帶來深深的烙印和創痛。封建農業文明的燦爛之光，並沒有隨著鄭和航海和精美瓷器的遠播而普照十五世紀地理大發現以來的新世界。

雖然如此，中國瓷器所閃耀的文明之光、數千年的熊熊窯火仍然映照出中華民族的首創精神和高雅和平的民族性格，延續著永不

明皇陵的靈宮

明皇陵的靈宮與墓道

熄滅的文明火種和自強不息的理想追求。這才是瓷器成爲中華文明象徵的眞諦所在。

就在五彩瓷器出現的時候，明宮廷內正式拉開了大臣與宦官進行激烈對抗的序幕，最終造成北方草原的滿族南下立國，農民起義風起雲湧的局面。輝煌一時的明王朝，至此已是風雨飄搖。

歷·史·名·人

■湯顯祖

（一五五〇—一六一六）明代戲曲家。曾官至禮部主事。因抨擊時政遭貶，棄官返鄉專事詩文戲曲創作。《牡丹亭》一齣，「幾令《西廂》減價」。有《玉茗堂集》。

■李自成

（一六〇六—一六四五）明末農民起義領袖。一六四四年在西安建國，國號大順。並攻克北京，推翻明朝。後與吳三桂及清聯軍戰於山海關失利，一六四五年於九宮山遭伏擊死。

■拉斐爾

（Sanzio Raffaello，一四八三—一五二〇）文藝復興義大利藝壇三傑之一。創作了大量聖母像，成爲文藝復興盛期最具聲望的畫家之一。風格秀美，是後世古典主義者認爲不可企及的典範。

■莎士比亞

（William Shakespeare，一五六四—一六一六）英國最偉大的劇作家和人文主義思想的代表。提倡個性解放，婚姻自主，反對封建束縛。著作有《哈姆雷特》、《威尼斯商人》、《奧賽羅》等。

■列昂納多·達芬奇

（Leonardo da Vinci， 一四五二—一五一九）義大利畫家、雕塑家、建築學家，天才的自然研究者。他的藝術成就奠基於他在光學、力學、數學和解剖學等自然科學的研究。畫作有《蒙娜麗莎》、《最後的晚餐》等。

<8> 明代帝王的陵墓

明皇陵石道旁的石人

明皇陵石道旁的神獸 1

明皇陵石道旁的神獸 2

明皇陵石道旁的神獸 3

明皇陵石道旁的神獸 4

明皇陵石道旁的神獸 5

在北京昌平的燕山山麓，散落著明代帝王的陵墓。明朝立國從一三六八年至一六四四年的二百七十六年間，共有十六位皇帝，其中十三位葬在北京。

十六位明帝中，洪武帝定都於南京、葬於南京，第二代皇帝建文帝，在爭位之變中下落不明，第七個皇帝景泰帝則被廢除。

在中國五千年歷史長河中，歷代皇帝都爲自己留下了規模不等的陵墓。而明十三陵，則還能讓人依稀看見明王朝的落日餘暉。

明十三陵以長陵爲首，其他十二陵分列左右東西兩側，除埋葬著十三位皇帝外，還有二十三位皇后和一名妃子。

明十三陵由靈宮和神道兩個部分組成，這也是中國陵寢建築的一般形制。

靈宮是陵寢建築的主體，包括祭殿、寶城等衆多建築。

十三陵很像一個封閉的城堡，雉堞林立，馬道寬敞，方城和明樓，是樹立陵墓主人石碑的地方。

大墳頭又叫寶頂，它的下面才是埋葬死者的墓室。

神道，就是在墓前開築的大道。

華表，是神道的標誌。

明皇陵石道旁的石人

明皇陵石道旁的石人

石牌坊，是神道的起點，也是整個十三陵的起點。

這座建於西元一五四〇年的石牌坊，是中國現存石牌坊中最大的一座。

神道兩旁，是象徵避邪、吉祥的六種神獸：四馬、四麒麟、四象、四駱駝、四獬豸、四獅子。

還有作爲皇帝護衛和侍從的文臣武將十二石人，都是用整塊玉石琢成，形態逼眞。

然而，無論是石人、神獸，還是陵寢整體的皇家氣派，都無法護佑紫禁城裏的皇室後裔繼續支撐漸漸式微的明王朝的命運了。

一代王朝雖然逝去，但是，紫禁城自明永樂帝建成以來，雖歷經多次火災，無數戰亂，至今依然保持著它的氣度和威嚴。

一六四四年，滿族所建的清王朝攻陷北京，入主曾經集明王朝之昌盛的紫禁城。

就這樣，明清兩朝歷經二十四位皇帝君臨之下的紫禁城，在五百四十多年間成爲中國封建社會歷史演變的大舞臺。

»»» 歷·史·名·人 »»»

■徐弘祖

（一五八六—一六四一）明代地理學家。號霞客。二十二歲起遍遊華北、華東、華南、西南山水，考察自然地貌、水文氣候、植被動物、風俗習慣、經濟狀況等。有《徐霞客遊記》十卷。

■賽凡提斯

（Miguel de Cervantes Saavedra，一五四七—一六一六）西班牙小說家。曾去義大利，受到人文主義影響。回國後，從事創作。代表作《唐吉訶德》是西方文學最偉大的文學作品之一。

明嘉靖年間青花群仙祝壽圖蓋罐

第三章 康乾盛世

康熙中葉，清朝出現了安定繁榮的局面，到雍正、乾隆年間，清朝國力達於鼎盛，故史學界將康、雍、乾時期稱為康乾盛世。一般認為，康乾盛世起於康熙二十年（一六八一年）平定三藩之亂，止於嘉慶元年（一七九六年），盛世持續時間長達一百一十五年。康乾盛世的頂峰是乾隆時期清朝統一新疆（一七五九年）之後的二十餘年。康乾盛世，是清朝近三百年最輝煌的一個時期，也是中國封建社會中最繁榮的歷史時期之一

<1> 統一穩定的多民族國家

清乘明末大亂，入關（指山海關）以後，經幾代人不間斷地奮鬥，最終走向鼎盛。

清高宗御用櫜鞬

清朝自順治元年（一六四四年）進關，歷經十八年的統一戰爭，削平大順、大西及南明諸政權，除臺灣外全國歸於一統。以攝政王多爾袞、清世祖順治爲首的統治集團所作的一切努力，爲清朝全面實施大治奠定了堅實的基礎。玄燁即位（清聖祖康熙）後，又經二十年進一步的治亂，以康熙二十年（一六八一年）平定吳三桂叛亂爲契機，乘勝收回了臺灣，康熙帝首次南巡，親臨治黃（即黃河）工地，閱視河工，這標誌國家全面轉入經濟建設，從而拉開了盛世的序幕。總之，是康熙朝開創了全新的盛世局面；其後雍正朝繼往開來，繼續把盛世向前推進；乾隆朝集前三代人之大成，終成「全盛」之局，

清朝狗玉器

清乾隆粉彩鏤空瓶

使清朝達到了鼎盛。

康乾盛世時期，繼消除南明殘餘之後，又平定了三藩之亂及邊疆地區的數次叛亂，收復了臺灣，並加強了對西藏的控制，還打敗了沙俄的入侵，清朝武功達於巔峰，以致幅員遼闊。康雍乾三朝的開疆拓土，使中國的疆域再次擴大，遠遠超過漢唐甚至元代的規模。清朝中國的疆域，其東北地區，北部起自於外興安嶺以南，東北到達北海，東部含有庫頁島；其西北地區，西至巴爾喀什湖以西；其北部地區，到達今天的蒙古人民共和國的恰克圖；其南部地區，到達南沙群島；其東部地區，到達大海區域。康乾盛世時疆域遼闊，形成了空前「大一統」的、穩定的多民族國家。

康雍乾三朝堅持國家的「大一統」，制定並實施了正確的民族政策，以消除「邊患」、安定邊疆，使國家長治久安。入關前，清朝已建立了滿蒙漢的政治聯盟，實行「滿漢一體」、滿蒙聯姻的民族政策。入關之後，統治者國家疆域與民族觀念發生了重要變化。康熙三十年（一六九一年），清聖祖玄燁確立了廢長城、「中外一視」的對外方針，突破了兩千年來因為長城的存在而形成的內外對立、華夷有別的傳統思想觀念，把「大一統」的政治理想與政治實踐發展到了頂峰。面對西北地區的準噶爾部的屢次興兵叛亂，清朝統治者本著堅決反對分裂的原則，歷經七十

清乾隆青花綠彩龍紋蓋罐

餘年，付出慘重代價，贏得了最終的勝利，維護了國家的統一。同時，青海、新疆以及西藏等地問題也得到較圓滿解決。清朝到乾隆時期也最終全部完成了在西南地區實行的「改土歸流」——廢土司，設流官。

中國自古以來就是一個多民族的國家，各族人民在長期的共同勞動和交往中，在政治、經濟、文化等各方面，逐漸形成了一個不可分割的整體。清朝的統一及其民族政策，爲中國多民族國家的社會經濟的發展、爲邊疆地區的開發和各民族經濟文化聯繫的加強提供了極其有利的條件。如蒙古地區由於封建割據的清除，社會安定、政令統一，社會經濟有了更進一步的發展，形成了以畜牧業爲主，包括農業、手工業等多種經濟成分存在的地區。新疆地區、西藏地區、臺灣等地區也都獲得了開發、繁榮和發展。

清朝的統一，對於外族的入侵，特別是西方資本主義殖民勢力的東侵，更是起到了保障國家獨立、領土完整及民族昌盛的特殊作用和重要意義。

<2> 君主專制進一步加强

清聖祖康熙帝抓住時機，調整策略，加強君主權力；清世宗雍正帝寬嚴相濟，以嚴糾偏，他設立了軍機處，使皇權空前加強；清

《平定臺灣清音閣演習圖》細部

《平定臺灣清音閣演習圖》局部

高宗乾隆帝繼續強化皇權，打擊離心的宗室貴戚，消除權臣勢力，並加強了中央對地方的控制。康雍乾三朝治國方略及政策長期保持了連續性，互爲繼承，各有發展，使統治集團長期穩定，政局平穩，內部矛盾和鬥爭很快被化解，於大局並無妨礙。歷史證明，維持統治集團內部的一致性與穩定，是推動社會發展的一個重要原因，這也是康乾盛世形成的主要原因。

明朝的滅亡與吏治腐敗是分不開的，盛世三帝深知這個教訓，都注意革除弊政，整肅吏治，而且三朝澄清吏治的思想及治國方針，還一脈相承：一方面嚴厲打擊、懲治貪官污吏；一方面大量表彰廉吏，樹爲清官典範，倡導百官效法。經過

歷·史·典·故

傲世金聖歎

金聖歎是清初著名的文學批評家，他才情卓絕，卻孤標傲世。他從明入清後，特別看不起爲滿清效命的讀書人。一次，他參加應試，題目是「王之將出」，他一字未寫，卻畫了個大方框和四個小方框。這樣的答卷自然激怒了考官，他便因藐視科舉而被除了名。他只好改了名再去應試，竟「舉拔第一」，補了吳縣庠生。

屢試不第的蒲松齡

《聊齋志異》的作者蒲松齡才華橫溢，可是令人扼腕的是，他從十九歲參加科舉考試，歷四十多年時間，竟連個舉人也未考中。四十八歲那年的考場上，他文思泉湧，洋洋灑灑寫就大作後，卻發現超過了規定字數，「得意疾書，回頭大錯」，再華美的文采也一錢不值了！但不管怎麼說，他以不朽的著作成爲永恆的星座。

歷·史·名·人

■彼得大帝

（一六七二—一七二五）俄國沙皇。一六九七年他秘密出國旅行，考察西歐文化，科學和技術，回國後積極興辦工廠，發展貿易，改革軍制，建立正規的陸海軍，加強封建專制的中央集權制，對外連續發動戰爭進行擴張。

■愛新覺羅·玄燁

（一六五四—一七二二）即康熙帝。六次南巡，輕傜薄賦，興修水利，發展農業生產。擴充科舉，提倡儒術，修編《明史》、《古今圖書集成》、《康熙字典》等。完成國家統一，安定外蒙古、西藏。與俄羅斯簽訂《尼布楚條約》。

數十年的整頓，吏治有了很大改變。尤其是雍正帝，在他督治天下的十三年中，以治吏爲治國之首要任務，及其注重對官吏的培養、使用和考察。雍正帝清查戶部錢糧、地方逋欠，查核冒銷兵餉、驛站錢糧，實行耗羨歸公和養廉銀，嚴禁衙門部費、嚴禁私派及門差牙帖，禁止私立儒戶、宦戶名目等，都是整頓吏治、杜絕貪污受賄的重要措施。他認爲，爲政以得人爲要，用得其人，自能利事，不得其人，則於事無補。爲使人盡其職，雍正帝用人不拘成例，不限資格，以小小縣令擢任督撫者，不乏其人；用人不以年齡爲標準，對於年歲已多，但精神矍鑠，宜於爲政者，仍舊任用，而年紀雖輕卻志氣萎靡者，一律不予任用；同時打破了滿漢界限。雍正帝對於秉公持正、盡心辦事之人，與帝疏遠也必用；而徇私利己、壞法亂政的人，即便與帝親近也必罷黜。吏部侍郎孫家淦因事觸怒雍正帝，本已要處斬，但雍正帝欣賞其「不愛錢」的節操，又令他

清乾隆年間的佛像御製文缽

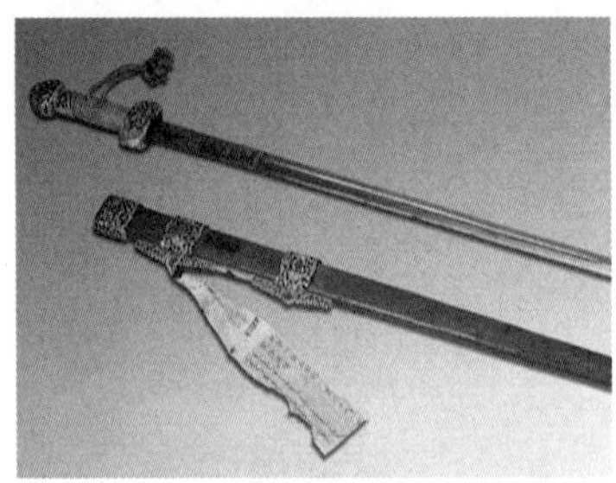
乾隆御用金桃皮鞘寶劍

郎世寧所作的《御苑晉謁圖》

清代五彩康熙荷花瓶

在銀庫行走（即在財政部任職）。他爲了得人才，廣開錄用之途，並號召內外大臣推薦人才，但不得冒濫。他還通過試用、實踐的考察來揀選、確定人才。他雖然察吏嚴明不懈，但強調彈劾的愼重，注意對人才的保護，他說，若誤去一干員，其過更在誤薦劣員之上。雍正帝的勤政、努力沒有白費，他治下的吏治要比康熙年間好，因此，史書有「康熙年間無清官，雍正年間有清官」之說。

<3> 經濟繁榮，國家富庶

康乾盛世時期，國家採取了一系列措施，有力地促進了經濟發展，使國家富足，國帑充裕，國力鼎盛。

從順治開始就非常重視農業，到了康雍乾三朝，農業生產更是得到了高度重視，以農業爲國本，不遺餘力發展農業經濟，成爲三朝理國要點。康熙帝曾說，儉用乃居家之道，農業實爲立國之本。康雍

龍形佩飾

»»» 歷·史·名·人 »»»

■愛新覺羅·弘曆

（一七一一—一七九九）即乾隆帝。多次減免賦稅，繁榮經濟。又大力發展學術，編纂大型圖書，《四庫全書》即爲此一時期之代表作。武功方面，更以其「十全武功」，稱譽於世。將清朝推向繁榮的頂峰。

■喬治·華盛頓

（George Washing-ton，一七三二—一七九九）美國的締造者，開國總統。被大陸會議委任爲大陸軍總司令，領導美國獨立戰爭。一七八七年主持制訂美國憲法，一七八九年當選總統。被稱爲「美國國父」。

乾隆南巡圖局部

乾隆南巡圖局部

乾隆南巡圖局部

乾隆南巡圖局部

乾三朝全面地貫徹了這一指導思想，實施了大規模的發展農業的計劃，主要包括：全面推行墾荒政策，給各省規定墾荒完成的任務與時間，以墾荒多少實行獎懲，資助農民墾荒。至雍、乾時，墾荒向邊疆地區發展，指令當地駐軍實行「軍屯」。乾隆時，「山頭地角」也都被闢爲良田。耕地面積穩步增長。另外，自康熙朝時就投鉅資治理黃河、淮河水患，疏通並治理運河，歷經三十年之久，終收到巨大成效。水患的消除，使農業連年豐收。乾隆時，繼續興修水利，爲農業生產提供了重要保障。同時國家不斷減輕農民負擔，實行蠲免、賑濟，僅乾隆一朝便數度蠲免全國地丁錢糧和漕糧，總數達白銀兩億多兩，數量空前，這些措施使得農民的生活趨於安定，使生產穩步發展。

據統計，當時的中國是世界上最發達的國家之一，經濟總量居世界之首。經濟指數，無疑是衡量社會發展水準的首要標準。康雍乾三朝的經濟主要是農業經濟，其發展水準，可以從耕地、糧食產量、人

大清受命之寶 受以天命的皇帝在舉行向上蒼彙報的禮儀時使用

清代康熙五彩花鳥紋天字罐

皇帝之寶 只在送往外國的國書上使用

存放於交泰殿的清代二十五寶璽

清朝康熙年間的青花瑞獸紋瓶

口與人均產值等方面進行綜合考察。爲了鞏固政權，三朝採取了改革賦稅、興修水利、獎勵墾荒、永禁圈地等措施，使耕地面積和人口數都扶搖直上。據《清實錄》記載，雍正二年（一七二四年）全國耕地已達8.9億餘畝，已遠遠超過明末崇禎時全國耕地總數6.7億畝。乾隆三十五年（一七七〇年）增至9.5億畝，到乾隆末年，全國耕地總數已超過十億畝。人口發展也快，康熙六十一年（一七二二年）已突破一億大關，雍正十二年則爲1.4億，至乾隆五十五年（一七九〇年），人口總數又突破了三億大關，人均佔地面積3.5畝。糧食產量約計二千零四十億斤，人均口糧約六百八十斤，如扣除飼料、釀酒、製醬等用途，人均口糧仍達六百斤。農業生產力空前發達，在清初尚是地曠人稀、物產不豐的湖南、湖北、四川、江西等地區，到了雍正乾隆兩朝，已經成了出產糧食的重要基地，重慶、湘潭、衡陽、漢口都是著名的米市。到十八世紀末，

清朝乾隆年間的玉冊（十二開）

清宴飲圖插屏

臺北故宮博物院收藏的四庫全書

中國的糧食產量能養活三億人這一成就，是歷代無法與之相比的。

手工業也繁榮發展，工人增加，生產規模擴大。礦冶業和採煤業空前繁榮，出現了雇傭勞動和大規模的手工工場，雍正時，僅廣東一地，便有鐵爐五、六十座，工人無數。乾隆二十七年（一七六二年）統計，北京西山和宛平、房山兩縣，共有舊煤窯七百五十座，正在開辦的煤窯二百七十三座，而且在這些行業中，資本的原始積累已經初露端倪。

隨著農業和手工業的空前繁榮，商業也進入了前所未有的繁榮期，工商業城市大批湧現，尤其是北京、佛山、蘇州、漢口最爲繁榮，號稱「天下四聚」。

對外貿易也迅速發展，到十九世紀初，歐美國家對中國的貿易額達到一千九百一十二萬兩，比四十年前增加了三倍半，而且中國外貿長期出超（順差）。

康乾盛世時期財政保持增長的勢頭，其雄厚的財力更顯示出其經濟繁榮的程度。康熙時，前期和中期呈增長態勢，可到了晚年，由於錢糧虧空，庫存銀僅有八百萬兩。經雍正帝大力整頓，雍正五年（一七二七年）庫存銀已增至五千萬兩。而乾隆時，庫存銀常年保持在八千萬兩上下。國家財政充足，才有能力施惠於民，實行大規模蠲免錢糧。據《清聖祖實錄》統計，從康熙元年（一六六二年）到康熙四十六年（一七〇七年），累計免去全國各地錢糧達一億兩白銀。又自康熙五十年（一七一一年）爲始，三年內輪免一周，「總蠲免天下地畝人丁新徵、舊欠，共銀三千二百零六萬四千六百九十七兩有奇」。同時，宣布自是年後所生人丁「永不加賦」。乾隆時，先後四次蠲免全國錢糧，總額達一億兩千萬兩，堪稱中國歷代蠲免之最，這突出地顯示了盛世的經濟繁榮。

在思想文化領域，康雍乾三朝牢固地確立了儒家思想爲其統治思想，興學校，辦教育，培植大批人才；文學藝術、史學、哲學、數學、天文學、醫學等各個領域，人才輩出；考據學派乾嘉學派獨樹一幟，成爲傳統文化發展的重要里程碑；大多數學者有固定收入，生活水準在一般百姓之上。大力推進傳統文化的進一步發展，整理典籍，大量編纂如《古今圖書集成》、《四庫全書》等具有時代標誌性的圖書，實集傳統文化之大成。應該說，這對盛世的形成起了很大作用。

»»» 天·工·開·物 »»»

刻瓷

用特製刀具在瓷器、瓷板表面刻劃、鏨鐫各種形象和圖案，通常也指在瓷器、瓷板上刻鑿成的雕塑工藝品。現存最早的刻瓷是清代道光年間的。同治至光緒年間，北京的書畫家鄧石如、華法在瓷器上自寫自畫自刻，促進了刻瓷的發展。刻瓷所用的特製刀具用高碳鋼和金剛鑽石製成，頂端呈錐狀，便於在堅硬的瓷器表面刻、鑿。

采芝齋糖果

中國老字號大小糖果店。全稱蘇州采芝齋糖果店。位於江蘇蘇州市觀前街，在上海等地設有分店。建於十九世紀末，素以品種繁多、風味獨特的蘇式糖果而聞名中外。采芝齋自產自銷的糖果上百種。主要有各式松子軟糖、烏梅餅、九製陳皮、沉香橄欖等。其特色是選料講究、加工精細、營養豐富、甜香可口，既有中國傳統糖果的特色，又吸取西式糖果的長處，自成一格。糖果內的某些原料，不僅好吃，且具有滋養補益作用，寓藥理於甘美食品之中。

»»» 歷·史·名·人 »»»

■慈禧太后

（一八三五—一九〇八）清咸豐帝妃。發動辛酉政變。實行「垂簾聽政」，掌握實權。中日戰爭失敗後，發動政變，幽禁光緒帝，廢除維新措施。八國聯軍侵入北京，簽訂《辛丑合約》。

■維多利亞女王

（Alexandrina Victoria，一八一九—一九〇一）英國女王。印度女皇。在位期間，英國擴大對殖民地的掠奪，取得世界貿易和工業壟斷地位，使英國成爲「日不落帝國」。被歷史學家稱爲「黃金時代」。

四庫全書 彙以四書五經等儒教經典書籍的綠色紙面的經部書籍

四庫全書 彙以思想家著作藍色紙面的子部書籍

四庫全書 彙以《楚辭》等詩類書籍的紅色紙面的集部書籍

<4> 《四庫全書》的纂修

纂修於乾隆時期的《四庫全書》是中國古代最大的一部叢書，是康乾盛世經濟富庶、社會安定、國家強盛、文教昌明的產物，是這個時期極其重要的文化成果，也打上了該時期文化專制主義的深刻烙印。

康乾時期，統治者努力用儒學統一知識界的思想，將經學引向以經學考據爲主的學問。同時加強文化高壓，扼制清初以來的經世致用思想，從而迫使知識界將學術研究脫離現實，回過頭來從傳統經學中尋找依據，對儒家經典進行詮釋、考證，乃至致力於文字、音韻、辨僞、校勘等方面的努力。因此，對傳統學術進行全面整理和總結便成爲有清一代學術文化的顯著特點。在文獻搜集整理上的典型表現就是《四庫全書》的纂修。另外，統治者以優越的待遇網羅漢族知識份子，繼科舉取士制度恢復後，康乾時期兩次開考博學鴻儒科，一經錄取，俱授翰林院官職。當時的大儒多被其成功籠絡，實現了清廷與廣大漢族知識份子的全面合作。再加上其他的促進學術文化事業發展的政策和舉措，從而造成了以考據學爲主流，著述如林，學術文化空前繁榮的局面。這無疑爲《四庫全書》的纂修作了必要的學術積累。當時的知識界名流匯聚，如總纂官紀昀、陸錫熊，總閱官陸費墀，纂修兼分校官戴震、周永年、邵晉涵，總目協勘官任大椿、程晉芳，校辦各省送到遺書纂修官朱筠、翁方綱、姚鼐，繕書處分校官金簡、趙懷玉，篆隸分校官王念孫等，多爲學界時俊。伴隨著此書的開館纂修，清廷亦開始大規模搜訪遺書。《四庫全書》收錄圖書三千四百多種、七萬九千多卷，而未予著錄、於總目中僅存書名者便多達六千七百多種、九萬三千多卷。如此衆多的圖書，除了部分來源於國家藏書之外，數量最多的是來源於各地督撫學政搜求進呈的圖書，總計不下一萬二千餘種。但纂修《四庫全書》的文化整理過程，同時也是一次文化摧殘的過程。雖然在全國發動大規模徵書、獻書運動，但難掩其「寓禁於徵」的眞實意圖。在《四庫全書》纂修期間，歷代典籍遭全毀或抽毀的共達三千一百多種、十五萬一千餘部，銷毀書版亦達八萬塊以上。其餘圖書則以應刻、應抄、存目三類分別予以處理。從乾隆三十八年（一七七三）此書纂修開始，至四十七年（一七八二）第一部書基本告竣，全書近八萬卷之巨。此後又陸續分抄六部，再加上相關的後續工作，直到乾隆五十八年（一七八五）才全部完成。

歷·史·典·故

慈禧與楊小樓

慈禧太后愛聽京戲，常讓戲班子進宮表演。當時的許多名角譚鑫培、陳德霖、王長林、楊小樓等，常入宮演戲，被人稱爲「內廷供奉」。武生楊小樓不僅年輕俊美，且功底紮實，頗得慈禧的喜歡，且受到格外恩寵。傳言他總得雙份賞賜。其實楊小樓乃譚鑫培的義子，譚得的那份賞總讓楊捧著被人誤以爲楊得了雙份賞而已。但是風言風語卻傳出來，楊小樓很害怕禍及己身，就到北京西便門外白雲觀裏當道士。不知情的慈禧仍傳他進宮，他就只好裝起瘋來。

太后下嫁

孝莊是皇太極的妃子，聰明美麗，深受皇太極的弟弟多爾袞的愛慕。皇太極死後，莊妃的兒子福臨在多爾袞的幫助下即位，福臨即順治帝，孝莊被尊稱爲皇太后，多爾袞攝政，被尊爲皇父。

入關以後，多爾袞大權獨攬，爲了保住母子權位，孝莊毅然決定嫁給多爾袞。順治帝還下了一道嫁母聖旨，說：「皇父和皇太后獨居無偶，寂寂寡歡（多爾袞剛死了正妃），爲了盡孝道，應讓父母盡早合宮同居。」莊妃與多爾袞終於成婚。

歷·史·名·人

■洪秀全

（一八一四──一八六四）太平天國運動領袖。道光年間屢應科舉不中，遂吸取早期基督教義中的平等思想，創立拜上帝會。一八五一年發動金田起義，建國號太平天國，自稱天王。後因腐敗和「天京之變」，運動失敗。

■俾斯麥

(一八一五──一八九八)德國政治家。運用「鐵血政策」，一八七一年德意志帝國完成統一，俾斯麥出任首相。其一生正是德國從封建專制社會過渡到資本主義的重要歷史時期。

西元1644年 >>>> 西元1900年

第四章 避暑山莊

<1> 山莊修建始末

在承德有一位叫薛克正的退休教師，家裏保存了數十張避暑山莊珍貴的照片底版。

拍攝這些照片的攝影師就是薛克正的父親薛桐軒。一九〇〇年，二十七歲的薛桐軒結束了在俄國的學徒生涯，開辦了承德第一家照相館——萃芳照相館。在此後的數十年裏，萃芳照相館攝影師薛桐軒除了爲承德各色人物拍攝生活照之外，就是把他的照相機對準大清王朝在最後的時光中已無暇顧及的皇家離宮避暑山莊（離宮，即古代帝王的行宮，設在京城之外）。

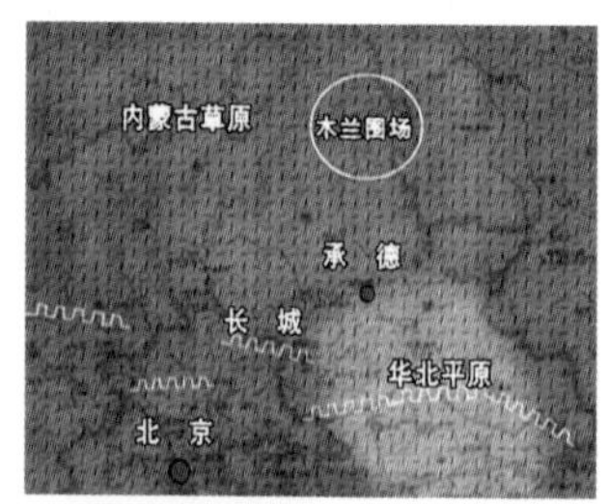

承德附近地圖

據薛克正考證，他父親拍攝的避暑山莊各景點、建築的照片，大致完成於一九〇一年至一九四四年期間，有些建築和景點的照片已經成爲絕版。

承德遠景

薛桐軒用他那台老式照相機，記錄了一個世紀以前承德避暑山莊的原貌，這些照片本身就是一段雖然破碎但卻十分珍貴的歷史……

承德避暑山莊，始建於康熙四十二年，即西元一七〇三年。經康熙、雍正、乾隆三代，直到一七九二年才

清朝乾隆年間的青花經文蓋缽

乾隆獵鹿圖

殪虎圖

叢薄圍獵圖

行營圖

康熙皇帝御題符「避暑山莊」匾

全部完工，歷時八十九年，建成一百二十多組建築和景點，其中包括皇帝命名的七十二景，也就是人們常說的「康乾七十二景」。

避暑山莊總面積5.64平方公里，是現存世界上最大的皇家園林。一九九四年十二月，避暑山莊及其周圍寺廟作爲文化遺產，被正式列入《世界遺產名錄》。

有一句俗話這樣說道：明修城，清修廟。「明修城」，指的就是修築萬里長城。「清修廟」，並非專指修某座寺廟，而是泛指清代皇帝對長城外少數民族採取的「懷柔政策」。承德避暑山莊的興建，與大清帝國制定的對待周邊游牧民族的特殊國策，有著直接的關係。

清軍入關以後，隨著政權的不斷鞏固，當年游牧關外的滿族，成爲入主中原的貴族。原來驍勇善戰的八旗軍隊，漸漸變得腐敗怯儒、貪圖享樂、紀律鬆弛。

「三藩之亂」（「三藩」指清初的平西王吳三桂、平南王尙可喜、靖南王耿繼茂，「三藩之亂」所指即此三人分別在雲南、廣東和福建發動的叛變朝廷的動亂）發生後，由於八旗軍隊戰鬥力的衰落，曾經是八旗軍隊手下敗將的吳三桂，勢如破竹，銳不可當。

清朝乾隆年間的青花經文蓋缽的蓋

木蘭圍場

平定「三藩之亂」以後，康熙意識到，重振八旗軍隊的騎射武功，對於政權的長治久安至關重要。同時，借助每年一次的「木蘭秋獮」，既能練兵習武又可以避暑，還能與塞外的游牧民族，特別是蒙古的王公貴族保持密切接觸。

《木蘭秋狩圖》

「木蘭」是滿語「哨鹿」的意思，也就是獵人用長哨模仿雄鹿求偶的聲音，引誘雌鹿以供圍獵的一種方法。

每年八、九月間舉行的「木蘭秋

圍獵圖

清・冷枚《熱河行宮圖》

獮」，由皇帝親自指揮圍獵的軍隊，少則數千人，多則幾萬人。在一萬兩千餘平方公里的木蘭圍場，展開了一場風動雲移、威武壯觀的圍獵活動。

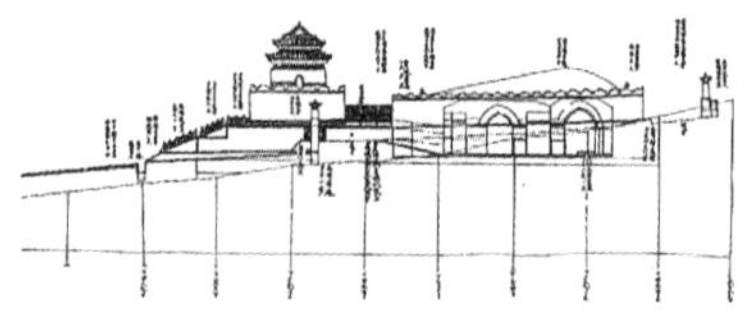

清代宮廷建築畫樣

圍獵期間，還要進行騎射比賽，進行戰術考核，賞罰分明。

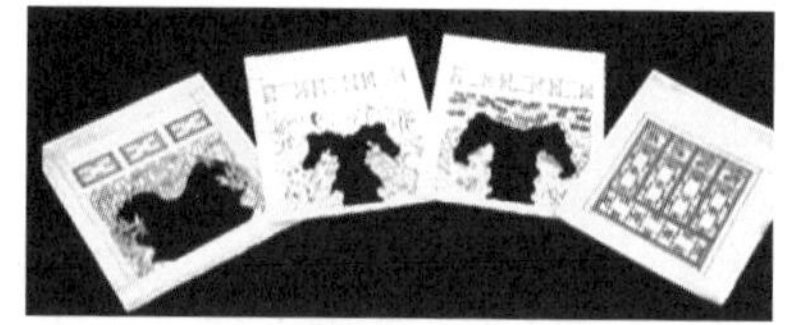

清代宮廷建築燙樣 用紙做成的，可以靈活安裝組合、隨時查看的建築模型

這一政策很快便上行下效，在全國形成尚武風氣，從而提高了八旗軍隊的整體作戰能力。

木蘭圍場建立九年後，一場對大清帝國西北疆域的鞏固產生重要影響的戰役打響了，史稱「烏蘭布通之戰」。

一六九〇年八月，長期在西北大漠擴張實力的蒙古族準噶爾部

清朝康熙年間的五彩人物花鳥紋瓷磚（正面）

首領噶爾丹，與沙俄相勾結，兵臨烏蘭布通（今內蒙古翁牛特旗西南），距北京僅九百餘里，消息傳來，京師震動。

康熙調遣兵馬，親自指揮了烏蘭布通戰役，徹底粉碎了噶爾丹的民族分裂企圖，大大提高了清政府在邊疆各少數民族心目中的威望。同時，也是對八旗軍隊戰鬥力的一次檢閱。

烏蘭布通之戰後的第二年，康熙爲解決喀爾喀蒙古問題，在多倫諾爾牧場召集全體喀爾喀蒙古貴族，舉行了著名的「多倫會盟」。

會盟之後，康熙下令修建匯宗寺，開創了通過藏傳佛教統治蒙古草原的先河，確保了中央政府對喀爾喀蒙古各部有效的行政管理。

康熙設立木蘭圍場十年後，一位叫蔡元的軍事將領向朝廷提出，修復古北口一帶破損的長城。出乎所有人的意料，康熙的批覆是否定的。他說秦修長城以來，歷代維修，但是邊患並沒有停止。因此：「民心悅，則邦本得，

»»» 歷·史·典·故 »»»

智穩鼇拜

康熙是中國歷史上少見的英明君主。他即位的時候才剛七歲多點，卻已頗有智謀。四個顧命大臣之一的鼇拜是勇士出身，爲人勇武，逐漸掌握了重權，他在朝廷之上飛揚跋扈，對康熙視若無物，常與康熙大聲爭吵直到康熙讓步。一次，鼇拜稱病未朝，康熙就親自去他府上探望。鼇拜做賊心虛，急忙上床裝病，並把寶刀藏在席下。康熙的侍衛見鼇拜神色驚慌，又發現刀柄露在被外，就揭開被子抽出了寶刀。鼇拜嚇得不行。但小皇上很從容地笑著說：「刀不離身是滿族人的風俗，不必大驚小怪。」康熙知鼇拜手握軍權，不可輕舉妄動，就智穩了他。

»»» 歷·史·名·人 »»»

■施 琅

（一六二一—一六九六）清代將軍。初爲鄭芝龍、鄭成功部將，降清後任福建水師提督。他多方論證，力主收復臺灣，終使清廷下決心在臺灣設府建制。一六八三年率軍佔領澎湖，不久鄭克塽歸順，和平統一臺灣。

■斯賓諾莎

（Benedictus de Spinoza，一六三二—一六七七）荷蘭哲學家。出生在猶太商人家庭。他認爲感性知識不可靠，通過理性的直覺和推理才能得到眞正的知識。主要著作有《笛卡爾哲學原理》、《神學政治論》、《倫理學》、《知性改進論》等。

而邦本自固，所謂『衆志成城』是也。」

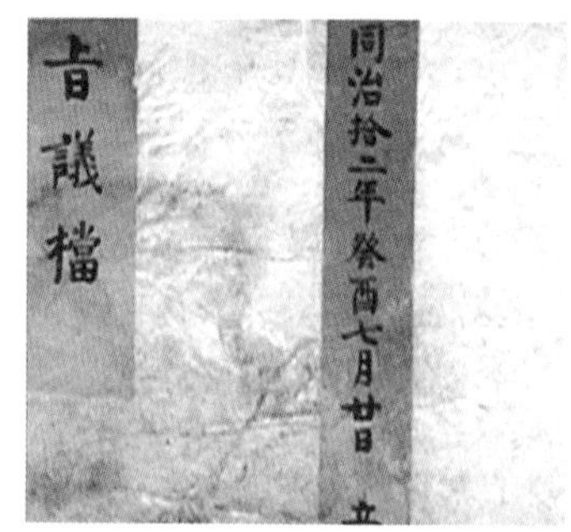

工程處樣式房有關文檔

從康熙設立木蘭圍場到嘉慶末年的一百四十年裏，康熙、雍正、乾隆、嘉慶四代皇帝到過木蘭圍場九十九次，舉行木蘭秋獮共八十八次。

乾隆晚年，稱自己爲「十全老人」，他把自己執政期間指揮的十大戰爭稱做「十全武功」，乾隆「十全武功」的決策和指揮，大都是在木蘭圍場和避暑山莊作出的。

今天，避暑山莊已成爲中國著名的旅遊勝地，它是三百年後的人們體驗中國宮廷的文化藝術氛圍，欣賞皇家園林建築奇觀的地方。

避暑山莊最早動工的地方，就是被康熙列爲避暑山莊第二景的

清·佚名繪避暑山莊及周圍寺廟全盛時期全圖

「芝徑雲堤」。用康熙的話說，建造避暑山莊是從「理水」開始的。

在長達近一個世紀的時間裏，中國大批優秀的工匠雲集承德，一磚一瓦、一石一木營建了這座龐大的皇家園林。

承德市東郊有一個很小的村落叫「五窯溝」，這個不起眼的小村子爲什麼叫「五窯溝」呢？據村裏的老人說，五窯溝就是當年爲避暑山莊燒製磚瓦的地方。外八廟使用的琉璃瓦，大部分都在五窯溝燒製的。

清代在康熙、雍正、乾隆期間，曾大規模興建皇家園林，今天人們看到的北京的「三山五園」，就是其中的傑作。很少有人了解，這些中國皇家建築的經典之作究竟是誰設計出來的。

中國國家圖書館的善本部保存了上萬件清代皇家建築的設計和施工圖紙。透過這些珍貴的圖紙，一個鮮爲人知的宮廷建築設計世家的名字出現在我們眼前，它就是「樣式雷」。

可以說，在中國建築史上，「樣式雷」的名字赫赫有名。清代皇家建築有專門的設計機構，叫「樣式房」。從康熙起，先後有八代雷氏家人擔任了「樣式房」的「掌案」。

所謂「掌案」，翻譯成今天的語言就是

»»» 歷·史·名·人 »»»

■紀昀

（一七二四—一八〇五）清代學者、文學家。字曉嵐。官至禮部尚書、協辦大學士，曾任四庫全書館總纂官，纂定《四庫全書總目提要》。能詩及駢文。著有《紀文達公遺集》，並撰有《閱微草堂筆記》等。

■歌德

（Johann Wolfgang von Goethel 一七四九—一八三二）德國學者、文學家。一七七四年完成第一部小說《少年維特的煩惱》，隨即轟動歐洲文壇。其經典著作《浮士德》是德國近代小說的典範，奠定歌德在世界文學史上的崇高地位。

»»» 天·工·開·物 »»»

蟠桃天球瓶

收藏於故宮博物院的「粉彩蟠桃天球瓶」是釉上彩中的珍品，雍正時期由景德鎮燒製。清代的顏色釉、彩瓷品種十分發達，粉彩是繼五彩和琺瑯彩之後的一個釉上彩品種。粉彩的特點是繪畫圖案的部分在瓷面上凸出來，增強一些立體感，色彩柔和、淡雅清新，民間俗稱「軟彩」。清代粉彩以雍正時期的產品最佳，代表著清代釉上彩的最高水準。

「總設計師」，史稱「樣式雷」。

在中國文物研究所檔案室裏，有新近發現的《樣式雷家譜》。

從抄錄於道光七年的家譜上，我們可以明白無誤地看到，乾隆時期，避暑山莊工程的主要設計者，是樣式雷第四代傳人雷家璽。

按照康熙和乾隆兩代皇帝的旨意，避暑山莊的皇家園林建築風格，絕大部分建築小巧玲瓏，不施彩繪，有一點北方民居親切樸素的味道。從地形上看，避暑山莊的整個園林建築布局，很像是中國地理環境的一個縮影：西北多山，東南多水，北部是平原，南部則仿造了許多江南名勝。它集中體現了「集天下景色於一園，移天縮地於一方」的帝王思想。

<2> 梵音繚繞的山莊

避暑山莊普寧寺的「大乘之閣」內，有一尊金漆木雕千手千眼觀音菩薩，俗稱「大佛」，是世界上最大最重的木雕大佛。

外八廟圖普陀宗乘之廟

普寧寺，是避暑山莊「外八廟」中一座建築形制爲漢藏合璧式樣的寺廟，如今，普寧寺也是「外八廟」中唯一有僧人住持的寺廟。

普寧寺是乾隆在承德建造的第一座寺廟。一七五五年，清政府經過著名的「格登山大戰」，平定了準噶爾部達瓦齊的叛亂。爲了紀念這次勝利，乾隆下令仿造西藏桑鳶寺形式，修建了這座具有獨特建築風格的寺廟。

放置木雕大佛的大乘之閣又叫「三陽樓」，是普寧寺的主殿。三陽樓依山勢而建，逐層收進，第五層的四個角各設小方亭一座，中間再起一層，用大方亭壓頂。這種建築形制，源於西藏桑鳶寺的「曼陀羅」藍本，是目前中國寺廟中保存最完整的一例。

外八廟的興建，投入了清政府大量的人力、物力和財力。推崇藏傳佛教，是清政府的國策之一。康熙即位以後，把黃教奉爲國教，採取了「因其教，不易其俗」的民族政策，加強了與周邊各民族王公貴族的溝通和團結。

從康熙時建的第一座寺廟「溥仁寺」開始，「一寺能抵十萬兵」的說法，隨著「康乾盛世」的到來，在中國歷史上產生了重大影響。

溥仁寺始建於一七一三年，是康熙在承德建的第一座寺廟。當時，避暑山莊已經初具規模。爲了慶賀康熙六十大壽，許多蒙古王公提出希望在承德建一座寺廟，以方便蒙古諸部落來此聚會，並敬獻了白銀二十萬兩，建寺祝壽。康熙答應了他們的要求，並以「施仁政於遠荒」之意，親自爲溥仁寺題名。

普寧寺全景

從建築的設計理念和構思上看，古樸典雅的避暑山莊與金碧輝煌的外八廟形成了鮮明對比，這樣做的目的，不僅表明了一種文化藝術觀的傾向，也

外八廟圖 須彌福壽之廟

須彌福壽之廟

溥仁寺

是大清帝國鼎盛時期，統一的多民族國家鞏固和發展的思想脈絡在建築布局上的具體流露。

從溥仁寺的興建，到一七八〇年須彌福壽之廟落成的六十七年間，在避暑山莊的東面和北面，一共建成了十二座喇嘛廟，形成了中國絕無僅有的皇家寺廟群。

十二座寺廟在當時的官方文件中統稱爲「外廟」，即古北口以外的意思。那「外八廟」的稱呼又是怎麼來的呢？

原來，十二座外廟中，除普佑寺被附入普寧寺外，另外三寺從未有喇嘛住持。其餘的八座寺廟，統歸北京理藩院的喇嘛印務處管理，由朝廷派駐喇嘛、發放銀兩。所以，這八座寺廟就被稱爲「外八廟」。

康熙建避暑山莊於長城外的初衷除了戰略意義之外，的確也是爲了「避暑」。避暑之餘，修廟以便於蒙古王公和少數民族首領「居止、瞻禮之用」。除此之外，還有一個客觀的原因是皇帝擔心前來朝覲的蒙古王公和少數民族首領進入內地容易感染天花，所以，把地點選擇在塞外涼爽宜人的承德。

據史料記載，天花大約在西元一世紀前後傳入中國，由於是戰爭中的俘虜所傳染，故名「虜瘡」。十五世紀以後，天花開始在中國

溥仁寺後殿九尊無量壽佛

廣緣寺遺址

殊像寺寶相閣裏面的主尊騎獅文殊菩薩

安遠廟

廣泛流行。

滿族入主中原後，爲了保證軍隊的戰鬥力和貴族的生命安全，爲對付天花病，曾制定了嚴格的「避痘」和「查痘」制度，以防止在軍隊中乃至皇宮裏出現大規模的天花傳染。清政府專門爲蒙古王公貴族覲見皇帝，設立了「年班」和「圍班」制，規定已出痘者每年冬天輪流進京朝覲；沒有出痘的人，安排到塞外圍場陪皇帝打獵，稱爲「圍班」。這樣，皇帝每年都有一段時間要在木蘭圍場和避暑山莊，與少數民族上層人物在一起。

早在渥巴錫率領土爾扈特部東歸之前十餘年，一七五五年，準噶爾蒙古族達什達瓦部爲了維護祖國統一，反對叛亂，決定離開世代生

歷·史·名·人

■和珅

（一七五〇—一七九九）鈕祜祿氏，滿洲正紅旗人。熟悉《四書》、《五經》了解漢族文化和歷史。因乾隆帝的破格提拔與特別寵愛，官居大學士，位極人臣。在職期間擅權納賄，貪贓枉法。乾隆逝世後半個月，入獄，懸樑自盡。

■拿破崙

（Napoleon Bonaparte，一七六九—一八二一）法國政治家、軍事家。一七九九年發動霧月政變，一八〇四年稱帝。對外不斷戰爭。一八一二年對俄戰爭失敗，帝國崩潰。一八一五年復辟。滑鐵盧戰役失敗後被流放聖赫勒拿島，後病死於該島。

活的伊黎河畔投奔清政府。乾隆同意達什達瓦部幾千人遷到承德定居，並修建了安遠廟，以便於他們朝拜和誦經。

安遠廟和避暑山莊裏收藏《古今圖書集成》和《四庫全書》的文津閣，使用了黑色琉璃瓦做屋頂。其餘的建築都用灰瓦或者皇帝專用的黃色琉璃瓦。

安遠廟又稱爲「伊犁廟」。爲什麼要建安遠廟？在承德民間曾流傳過另外一個故事，說乾隆從新疆娶回一位維吾爾族姑娘，因爲她天生異香，人稱「香妃」。香妃離開了家鄉，在京城裏一直悶悶不樂，乾隆便特意爲她在避暑山莊外建了這座安遠廟。

已故的北京大學歷史系著名教授孟森做過考證，他認爲香妃其人，就是乾隆的容妃和卓氏。不僅如此，還有人說香妃身懷利刃，隨時準備行刺皇帝，結果被太后強令自殺等等。那麼，關於香妃的種種傳聞，究竟有哪些是符合史實的呢？

中國人民大學清史研究所教授王思治認爲：「第一，香妃就是容

六世班禪畫像

承德避暑山莊 熱河泉

安遠廟 普渡殿壁畫

順治像

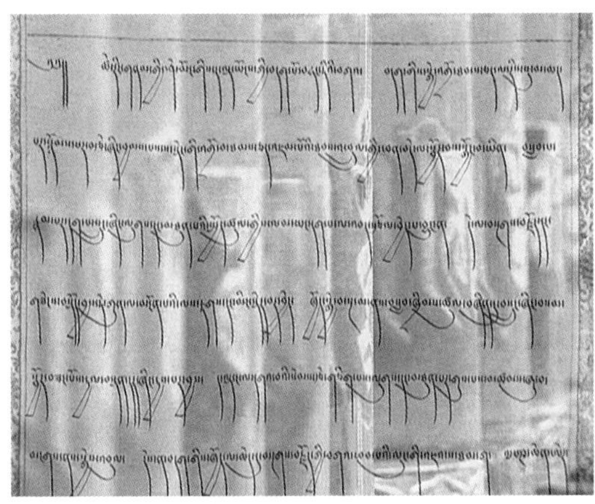

清聖祖冊封五世班禪的諭旨

妃，這是大家公認的。第二，太后賜死香妃這不可靠。太后死於乾隆四十二年，香妃死於乾隆五十三年，她比太后晚死十一年，所以怎麼可能被太后賜死呢？」

不過，關於香妃的野史傳聞，倒是佐證了清王朝與邊疆民族千絲萬縷的聯繫。

西元一六五三年，五世達賴喇嘛到達北京，與順治皇帝會面，順治在北京建了西黃寺供五世達賴居住。

一百一十三年以後，即一七六六年，順治皇帝的曾孫乾隆皇帝宣布冊封六世班禪，冊封的金印用滿、漢、藏三種文字刻成。當時，六世班禪巴丹益喜二十八歲。

一七六二年以後，八世達賴年幼，西藏事務由六世班禪巴丹益喜主持。

中國第一歷史檔案館副研究館員郭美

»»» 歷·史·典·故 »»»

儲位密建

符「奪嫡」的血腥使清統治者創立了繼承皇位的新法：「儲位密建法」。即在位的皇帝生前並不指明哪一個皇子繼承帝位，而是把他認爲可以繼承皇位的皇子的名字寫在一份詔書上，然後把這份詔書密封在金匣內，並把金匣放置在太和殿「正大光明」匾的後面。等皇帝駕崩後，顧命大臣取出金匣，拿出密詔，宣讀由誰繼承皇位。

雍正謀位

康熙帝一生有三十五個兒子，除了夭折的和過繼給別人的，還有二十六個。當康熙廢了允礽的太子名分後，爭當太子的鬥爭便異常激烈起來。四子允禛很有城府，理政能力強。十四子允禵戰功顯赫，很得康熙賞識。據說，康熙臨終時，寫下遺詔：「傳位十四子」，卻被允禛改爲「傳位于四子」。結果允禛承繼大統，即歷史上的雍正皇帝。

»»» 歷·史·名·人 »»»

■年羹堯

（一六七九—一七二六）清代將軍。官至四川總督、川陝總督、撫遠大將軍，還被加封太保、一等公，高官顯爵集於一身。他曾配合各軍平定西藏亂事，率清軍平息青海羅卜藏丹津。後因罪被雍正帝列大罪九十二條，賜自盡。

■孟德斯鳩

（一六八九—一七五五）法國著名啓蒙思想家、法學家。在《論法的精神》（一七四八年）中提出三權分立制度。後分別在一七八七年美國憲法、一七八九年法國憲法中得以確認。著作還有《波斯人信札》。

康熙頒給五世班禪的金印

六世班禪坐像

承德外八廟 須彌福壽之廟

駐藏大臣索琳關於六世班禪行程及行帳圖奏摺

蘭：「這時候六世班禪聽說乾隆要慶賀七十壽辰，有這樣一個大的活動，六世班禪就說他願意來北京給乾隆祝壽。」

當聽說班禪要來參加自己的七十大壽，乾隆大爲高興，欣然批准。六世班禪在西藏尚未啓程，乾隆已發出六道諭旨安排有關事宜。在承德，爲班禪修建行宮就是其中之一。班禪行宮建成後被命名爲「須彌福壽之廟」。

一七七九年是藏曆的土豬年，在經過三個月的周密準備之後，六月十七日，六世班禪一行在清政府駐藏大臣劉保柱的陪護下，沿著一百多年前五世達賴出藏的路線，啓程東去。

早在興建「小札什倫布寺」之前十二年，即一七六七年，中國國內出現了多民族統一的大好局面，乾隆利用自己六十大壽和皇太后八十大壽的機會，用四年時間，仿照西藏的布達拉宮形制，在承德修建了「普陀宗乘之廟」，又稱爲「小布達拉宮」。

廟宇建成之際，從伏爾加河流域返回祖國的土爾扈特部首領渥巴錫，正好來承德覲見，乾隆大辦筵宴隆重慶祝，並立碑以記之。

班禪祝壽送給乾隆的大利蓋銅玲杵

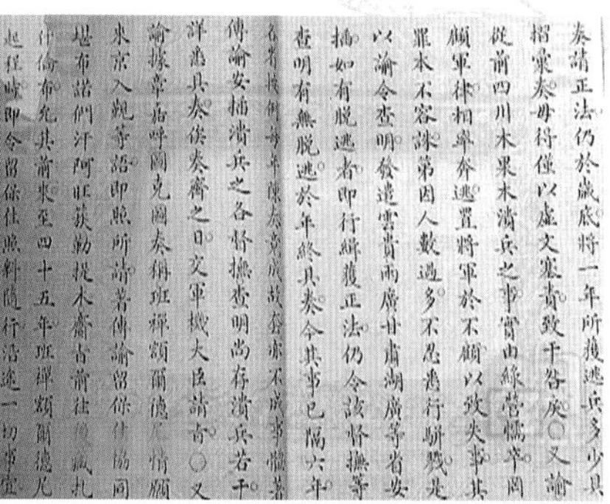

奏請正法仍於歲底將一年所獲逃兵多少具
摺彙奏毋得僅以虛文塞責致干咎戾○又諭
從前四川木果木潰兵之事實由綠營幡卒罔
顧軍律相率奔逃置將軍於不顧以致失事其
罪本不容誅第因人數過多不忍盡行駢戮是
以諭令查明發遣雲貴兩廣甘肅湖廣等省安
插如有脫逃者即行緝獲正法仍令該督撫等
查明有無脫逃於年終具奏今其事已隔六年
各省按例每年陳奏竟成故套亦不成事體著
傳諭安插潰兵之各督撫查明尚存潰兵若干
詳悉具奏俟奏齊之日交軍機大臣請旨○又
諭據章嘉呼圖克圖奏稱班禪額爾德尼情願
來京入覲等語即照所請著傳諭留保住同
堪布諾們汗阿旺簇勒提木齋古前往[illegible]藏札
什倫布允其前來至四十五年班禪額爾德尼
起程時即令留保住照料隨行沿途一切事宜

乾隆允許六世班禪入覲諭旨

就在班禪行宮「小札什倫布寺」加緊施工的同時，東行的六世班禪已從日喀則啓程，經羊八井，翻越唐古喇山，渡過通天河，跋涉四個月後，抵達青海的塔爾寺。

由於天氣已冷，班禪一行將在青海塔爾寺休整過冬。

當時正在南巡的乾隆，對班禪途中的起居行止極盡關懷呵護。皇帝不間斷地派人給班禪送去衣物、生活用品和四時瓜果，甚至連六世班禪出藏途中使用帳篷的式樣和規格，乾隆都要親自審定。

一七八〇年農曆七月二十一日，六世班禪歷時一年，跋涉兩萬里，順利抵達承德，入住剛剛落成的須彌福壽之廟。班禪在承德逗留了一個多月，除了爲乾隆皇帝祝壽、主持了須彌福壽之廟的開光典禮、當面接受了乾隆皇帝的冊封之外，還參與

歷·史·典·故

藩修身養性

曾國藩推崇「内聖外王」的理論，很注意品德修養，以匡時濟世。他的生活有規律：起得早，靜坐、養氣、保身、讀書、寫字、寫日記，數十年如一日，即使在軍旅羈行之間，也不忘強調立志、求知、敬恕、忠信、反省、愼獨、謹言、勤儉、謙虛，以修身養性，濟世服眾。

李蓮英「梳頭」得寵

李蓮英是直隸河間府人，家境貧寒，自幼雙親早逝。他貪圖享受，自閹入宮後，在梳頭房中當小太監。爲討慈禧太后的歡心，他偷偷到妓院中去學習各種時髦的髮式，終於贏得慈禧的賞識。他給慈禧梳頭的時候，每有落髮即藏於袖中，時時給慈禧變換髮型，使慈禧開心不已，引之爲心腹。

了規模空前的佛事活動，頻繁與皇帝接觸，備受禮遇。

班禪在北京廣作佛事，為眾僧受戒，弘揚佛法，原準備在北京西黃寺過冬，第二年再返回西藏。舊曆十月二十九日，六世班禪抵達北京已近兩個月，這一天，班禪大師在雍和宮為乾隆皇帝講說佛法後，回到西黃寺，突然覺得身體不適。乾隆聞訊後派御醫診視，發現班禪得的病竟然是天花！

三天後，四十二歲的六世班禪巴丹益喜在北京西黃寺飄然圓寂。

班禪圓寂後，乾隆十分哀痛，下令鑄造金塔以安放六世班禪的遺骨，在西黃寺大殿存放百日，誦經祈禱，然後派人護送班禪靈塔歸返西藏，並下令在西黃寺建造六世班禪衣冠塔廟，這就是後來聞名遐邇的清淨化城塔和清淨

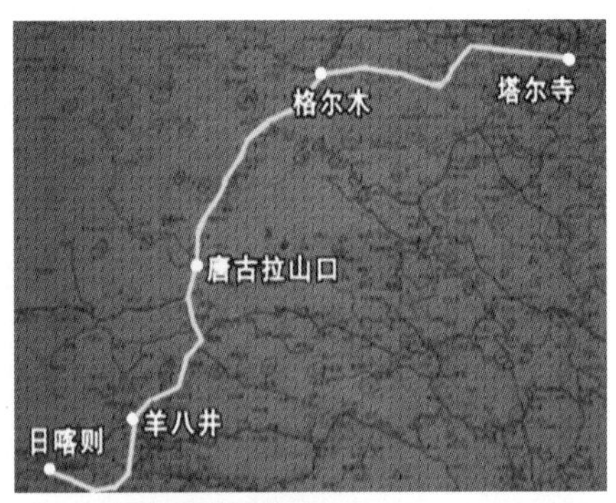

六世班禪朝覲乾隆路線圖

承德外八廟 普陀宗乘之廟

六世班禪講經處 妙高莊嚴殿

化城塔院。

兩年後，清淨化城塔落成，乾隆親自撰寫了漢、滿、蒙、藏四體碑文的《清淨化城塔記》。

<3> 一段故事，一段秘聞

今天的避暑山莊是承德老百姓的公園，三百年的滄桑巨變彷彿就發生在昨天。月色江聲島上的冷香亭，這裏曾是乾隆皇帝在深秋季節觀賞荷花的地方。

滄浪嶼曾經是康熙皇帝讀書的地方，它是一座仿造蘇州名園滄浪亭的園庭建築，位於如意洲上。如意洲是避暑山莊最大的島嶼，「康乾七十二景」中有十二景在如意洲上，這裏是避暑山莊園林建築的精華。在康熙年間，如意洲上的建築就是避暑山莊最早的宮殿區，而滄浪嶼附近的「延薰山館」則是當年康熙接見少數民族首領和處理朝政的主殿。

乾隆與六世班禪見面圖

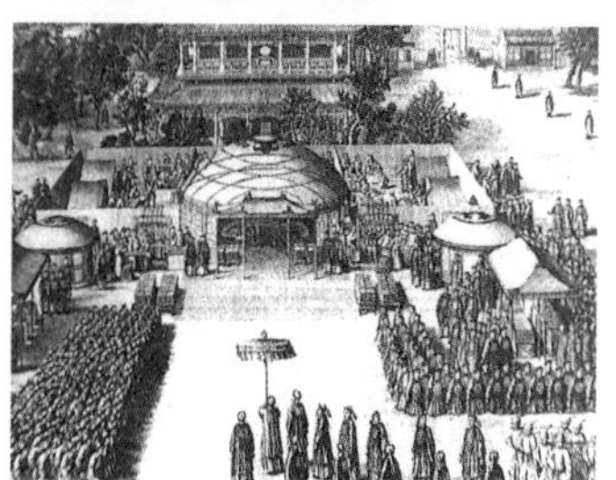

皇帝凱宴成功諸將士圖

一九二九年的一天，在北京通往承德的土路上，駛來了一輛當時很少見到的小轎車，照片上最左邊坐著的那個人叫斯文·赫定，瑞

「萬法歸一」殿鎏金瓦頂

典探險家、地質學家。他們風餐露宿，日夜兼程趕往承德。到了承德以後，斯文．赫定走進了當時無人問津的「小布達拉宮」，當他看到「萬法歸一殿」的時候，立刻被那精湛的建築工藝吸引了。

萬法歸一殿是普陀宗乘之廟舉行重大宗教儀式的地方，乾隆接待土爾扈特首領渥巴錫、六世班禪爲蒙古王公貴族以及高層僧侶講經說法，都在萬法歸一殿裏進行。

一年之後，中國工匠按照十比一的比例，對萬法歸一殿兩萬八千多個主要零件進行了複製。然後，斯文．赫定把複製的萬法歸一殿帶到美國，再按照一比一的比例，複製出來，在芝加哥的萬國博覽會上展出後引起強烈的震動，這是中國古建築第一次以複製件的形式在國外露臉。

後來，斯文．赫定把他在承德的經歷寫成了一本書，書名叫做《熱河——皇帝城》。

清朝乾隆年間的窯變釉石榴尊

馬嘎爾尼像

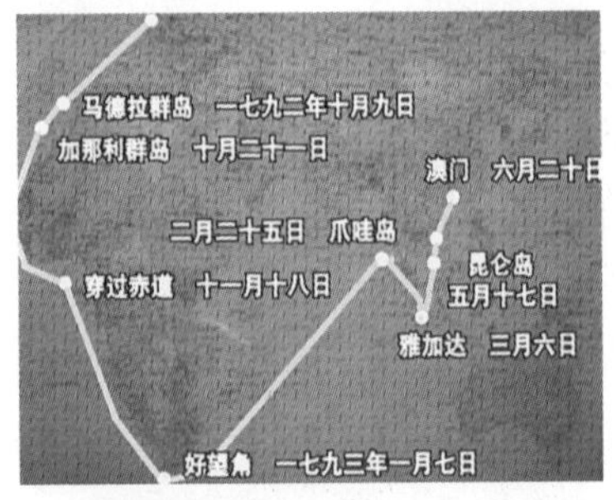

馬嘎爾尼使團的路線圖

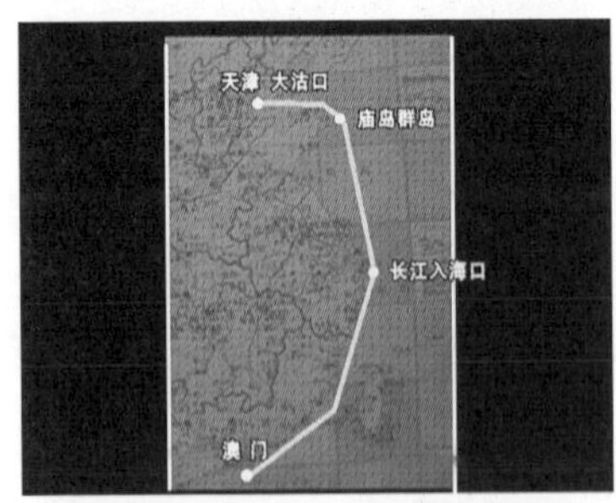

馬嘎爾尼使團進入中國後的路線圖

在十五世紀末到十六世紀初，許多歐洲傳教士冒著漂洋過海的危險前往中國，他們中的不少人有幸進入中國的皇帝城。就在避暑山莊建園初期，這些被皇帝選中的西洋畫家，甚至被特許進入山莊作畫。

義大利傳教士馬國賢，他是在避暑山莊剛剛建成康熙三十六景的時候，被允許進入這座神秘的皇家園林作畫。後來，馬國賢的「避暑山莊三十六景」銅版畫還流傳到了歐洲。

歐洲人從銅版畫上欣賞到避暑山莊園林奇觀之後整整八十年，避暑山莊主要建築已經全部完成。這一年，一個由英國政府派出的外交使團走進避暑山莊，八十三歲的乾隆皇帝在萬樹園接見了他們，這些金髮碧眼的英國人由英國國王的親戚、著名外交家馬嘎爾尼勳爵率領。

整個十八世紀，世界充滿了巨變。英國由於紡織機和蒸汽機的發明進入了工業革命時代，而同一時期的中國，正是封建的大清帝國鼎盛時期。

馬噶爾尼與斯當東

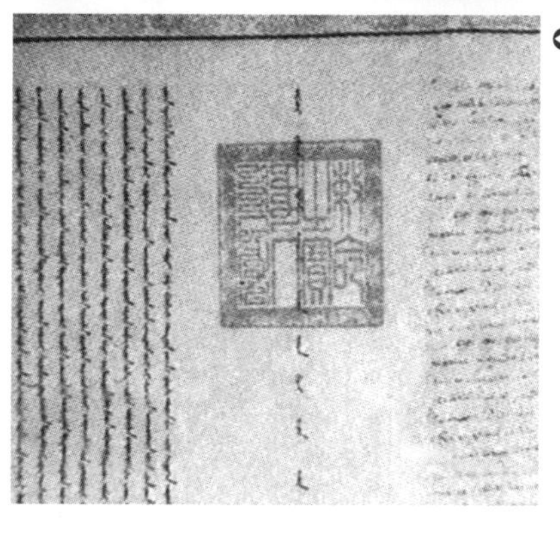

乾隆致英國國王的敕諭

乾隆皇帝得知英國使團前來爲他祝壽的消息，是在馬嘎爾尼啓程一個月之後。東印度公司董事長柏靈用英文和拉丁文寫的秉文，通過兩廣總督郭世勳送到乾隆手中。乾隆當即下了一道廷寄諭旨：准許英國使臣來華，並命令沿海各督撫準備接待。

英國使團沒有在澳門登岸而是被允許直航天津，主要是因爲馬嘎爾尼帶來的禮

»»» 天·工·開·物 »»»

鐵琴銅劍樓

中國清末四大私人藏書樓之一。瞿紹基創建於江蘇常熟。至其子瞿鏞時聚書達十萬多卷，與山東聊城楊氏海源閣齊名，世稱南瞿北楊。書多宋元善本，瞿鏞編有解題式書目《鐵琴銅劍樓藏書目錄》。瞿紹基的曾孫瞿啓甲選擇所藏宋金元刻本二百六十九種編爲《鐵琴銅劍樓宋金元本書影》，又將諸家題跋三百八十餘種結集爲《鐵琴銅劍樓藏書題跋集錄》。這三種書目，互相闡揚，可了解瞿氏藏書全貌，對於古籍整理，考證版本，可資參考。藏書屢經散佚，瞿氏第五代傳人瞿鳳起在中華人民共和國建立後，將約當原藏十分之七的剩餘部分悉數捐給北京圖書館。

»»» 歷·史·名·人 »»»

■林則徐

（一七八五——八五〇）清末政治家、詩人。爲官清正。力主強國、禁鴉片。一八三九年虎門銷煙。著有《雲左山房文鈔》、《雲左山房詩鈔》等。所遺奏稿、公牘、日記、書札等輯爲《林則徐集》。

■康 德

（Immanuel Kant，一七二四——八〇九）德國哲學家、天文學家、星雲說的創立者之一、德國古典唯心主義創始人。著作很多，能深刻的反映他所處的時代所面臨的問題。三大著作《純粹理性批判》、《實踐理性批判》、《判斷力批判》。

品體積過大，走陸路容易損壞，其次，英國人想盡快趕到承德與乾隆皇帝見面。

按照清朝禮儀規定，外國使臣覲見皇帝，必須接受跪拜禮的訓練，否則將會被驅逐出境。檔案記載表明，英國人並沒有拒絕演禮訓練，也許，他們的曲意敷衍，是為了能見到皇帝，完成馬嘎爾尼所負的使命。

就在英國使團帶著大量禮品從天津向北京進發的時候，乾隆早已住進了避暑山莊。

↑ 馬國賢的「避暑山莊三十六景」銅版畫 1

↑ 馬國賢的「避暑山莊三十六景」銅版畫 2

↑ 馬國賢的「避暑山莊三十六景」銅版畫 3

↑ 馬國賢的「避暑山莊三十六景」銅版畫 4

可是，英國使團到達北京以後，態度突然發生了變化，馬嘎爾尼委託徵瑞帶給軍機大臣和珅一封信，信中說：如果要他行三跪九叩首禮，那麼，必須讓一位地位與他相同的中國官員，對等的也向英國國王的畫像行同樣的禮。

馬國賢畫像

也許是意識到英國人這個要求太過分，徵瑞並沒有轉交這封信，而是在英國人抵達承德的當天，將這封信退還馬嘎爾尼。此時，離原定九月十日的接見只剩下兩天。

乾隆得知這個消息後很不高興，立即取消了原定的八月初六的覲見活動。儘管乾隆下達了對英國人「稍加裁抑」的指示，但他仍然派人繼續同英國人磋商禮儀問題。

西元一七九三年九月十四日，喬治·馬嘎爾尼成為第一位以英國政府特使的身分，走進避暑山莊大門並且會見了乾隆皇帝的英國人。馬嘎爾尼一行還遊覽了避暑山莊各處景點。

清代的官方記錄和馬嘎爾尼等人的回憶錄，對中英雙方這次歷史性的見面各執一詞，爭論的焦點是：作為大英帝國國王的特使馬嘎爾尼，究竟向乾隆皇帝磕了頭沒有？

研究表明，當時在承德磋商的最後結果是：九月十四日在萬樹園舉行的非正式宴會上，允許英國人行英國禮。九月十七日在澹泊敬誠殿的「萬壽盛典」上，馬嘎爾尼向乾隆遞交國書，行中國的「三跪九叩」之禮。斯當東的兒子小斯當東，當時只有十二歲，他的日記被西方學者認爲最爲可信。他的日記《英使謁見乾隆紀實》（An Authentic Account of An Embassy From the King of Great Britain To the Emperor of China）裏這樣寫道：「隨著一聲令下，我們單膝跪地，俯首向地。我們與其他大員和王公大臣連續九次行這樣的禮，所不同的是，他們雙膝跪地而且俯首觸地。」

承德避暑山莊 澹泊敬誠殿

皇輿全圖

馬嘎爾尼離開中國二十三年後，由阿美士德率領的英國使團再次訪華，雙方又一次爲覲見禮鬧得不可開交。當年的小斯當東就是阿美士德使團的副使，但嘉慶與阿美士德的見面，因爲覲見禮在最後一刻也沒有解決，於是，清政府強令英國使團出境。

乾隆五十八年（一七九三）十二月九日，馬嘎爾尼率領的英國使團，乘坐「獅子號」軍艦從廣州黃埔港啓錨回國，英國國王向中國提出的要求，全部被乾隆皇帝斷然拒絕。

四十八年以後，當乾隆的孫子道光皇帝當政時，小斯當東已是英國下議院的議員，他多次提出對中國實施武力打開市場。

一八四〇年，英國艦隊又駛回廣州，他們已不再磋商禮儀，而是用大炮轟擊中國的大門。

<4> 山莊涅槃

從清朝末年到中華人民共和國建國前夕，避暑山莊和外八廟已是滿目蒼涼，慘不忍睹，原有的一百三十多組建築，僅僅殘存十分之一。

從日軍佔領承德上溯到民國初年這段時間，昔日的皇家園林落在內戰的軍閥手中，遭到了嚴重的劫掠和破壞。當時，位於山莊附近的文廟裏，保存著一批早年間由皇帝贈送的珍貴文物，由於知道的人極少，所以逃過了一劫。

誰也沒有想到的是，日本人一佔領承德，這批秘密保存多年的文物竟然落在了他們的手裏！

避暑山莊內原有的碧峰寺、珠源寺和羅漢堂如今已不存在，建築在山區的珠源寺，始建於一七六一年，珠源寺主殿宗鏡閣，全部採用紅銅建造，用銅二百零七噸，工藝精湛，堪稱天下一絕。據說，銅

歷·史·典·故

李蓮英奉迎有道

有大臣得了個西洋自鳴鐘，並想送給慈禧，他先請李蓮英幫助參謀一下禮物合適否。李蓮英看到精巧的自鳴鐘報時之際，鐘內神龕會自動開啓，並走出一小人，隨之展開「萬壽無疆」的條幅，心性機敏的他立即看出有不妥之處，他說：「萬一這自鳴鐘出了點兒毛病，條幅只展開三個字『萬壽無』豈不壞了大事嗎？」大臣當即嚇出汗來。李蓮英卻自有方法，他讓人把條幅上的字換成「壽壽壽壽」，這樣當然就能萬無一失了。

歷·史·名·人

■**魏 源**

（一七九四—一八五七）晚清思想家、史學家。提出「師夷長技以制夷」的主張。著作《海國圖志》對洋務運動、戊戌變法具有極大的促進作用，被譽爲影響世界歷史進程的輝煌巨著。

■**黑格爾**

（Georg Friedrich Wilhelm Hegel，一七七〇—一八三一）德國哲學家。一八二九年其哲學思想被定爲普魯士國家的欽定學說。他把絕對精神看做世界的本原，建立客觀唯心主義體系，貫徹辯證法原則。代表作有《精神現象學》、《哲學史講演錄》和《美學》等。

殿可拆可卸，安裝完畢後，工匠在最後的榫接處澆上銅汁，整座建築嚴絲合縫，渾然一體。

一九四四年十月，日本佔領軍在承德搞了一個所謂的「金屬獻納」活動，逼老百姓把家裏的銅製品交出來做彈藥，有著一百八十四年歷史的銅殿也成了目標。日軍八八一部隊拆毀了銅殿，從此銅殿下落不明。關於銅殿的下落，有幾種不同的說法。一說是被秘密運往日本，一說是被融化做了彈藥。

煙波致爽殿 嘉慶死於西暖閣臥榻

嘉慶帝像

我們現在看到的珠源寺銅殿僅存的匾和抱柱，是軍閥湯玉麟早在日本人佔領承德之前就劫往瀋陽的，一九七五年收還避暑山莊珍藏。

煙雨樓是避暑山莊最後建成的建築之一，一七八〇年完成，竣工時間與外八廟中的須彌福壽之廟爲同一年。煙雨樓雖然沒有列入避暑山莊乾隆三十六景之一，但是深得乾隆皇帝的賞識。煙雨樓的雲龍金匾爲乾隆手書，十分珍貴。但是，在二十世紀二〇年代它突然下落不明。

一九五三年，人民政府進行文物普查的時候，在瀋陽發現了煙雨樓的牌匾。一九五四年起，這塊匾重新懸掛在避暑山莊原來的位置上。

澹泊敬誠殿是避暑山莊的主殿，是皇帝舉行盛大慶典的地方，康熙和乾隆經常在這裏接受王公大臣、少數民族首領以及各國使臣的朝覲和祝賀。澹泊敬誠殿的作用相當於故宮的金鑾殿。

煙波致爽殿是皇帝在這裏避暑時住的地方，此殿由康熙題名，定爲康熙三十六景中的第一景。

一八二〇年農曆七月十八日這一天，嘉慶皇帝動身前往避暑山莊。嘉慶一行從北京到承德一共走了六天，適逢酷暑，炎熱異常，二十四日抵達避暑山莊。

二十五日上午，嘉慶突然感到痰氣上湧，說話困難，但頭腦還保持清醒。到了下午，嘉慶已無法說話，病勢突變，太醫束手無策。晚上八、九點鐘，六十一歲的嘉慶皇帝在電閃雷鳴中，於西暖閣的臥榻上停止了呼吸。

關於嘉慶的死因，歷史上爭論很多，是清史中的熱門話題。爭論的關

»»» 天·工·開·物 »»»

《大禹治水圖》玉山

清代玉雕。原名《密勒塔山玉大禹治水圖》，又名《大禹開山圖》。玉山石料來自新疆葉爾羌西南的密勒塔山。玉山重約五千三百千克，高2.24米，最寬剖面0.96米，下配以高0.6米的山形銅嵌金銀絲座。玉山於乾隆四十六年（一七八一）初奉旨設計，其藍本爲清宮所藏卷軸畫《大禹治水圖》，於同年五月運抵揚州琢刻，五十二年完工並運回北京，翌年正月又在玉山上鐫刻銘文，今藏故宮博物院。《大禹治水圖》玉山取材夏禹治水故事，在險峻陡峭的山崖上，無數民工正揮錘擊石，鑿山開渠，人物姿態生動，反映了清代大型玉石雕琢技藝的高度成就。

《行水金鑒》

中國水利史資料書。清雍正三年（一七二五）成書。清代傅澤洪主編，鄭元慶編輯。全書約一百二十萬字，所收資料上起《禹貢》，下至康熙末年即一七二一年，按河流分類，按朝代年份編排。編輯這樣的資料書，在當時是創舉，其體例多爲後世所沿用。後人又編有雍正初到嘉慶的資料《續行水金鑒》（清黎世序等人纂修）和民國時期的《再續行水金鑒》等。

»»» 歷·史·名·人 »»»

■龔自珍

（一七九二—一八四一）清代思想家、文學家。學識宏富，通經史、諸子、文學音韻及金石學，精研西北歷史地理，晚年愛好天臺宗佛學，並以詩、詞、文著名。是清代第一個以獨立學者立場，以個人思考爲依據議論時政的人。

■馬克思

（Karl Marx，一八一八—一八八三）德國思想家、經濟學家。馬克思主義創始人。一八四八年發表《共產黨宣言》，指引蘇聯布爾什維克和中國共產黨的誕生。

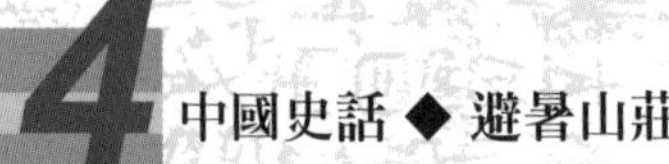

乾清宮

正大光明殿

鍵還是嘉慶傳位之謎，焦點集中在藏有傳位詔書的錦匣上。

據說，當時的避暑山莊裏一片混亂，皇子和隨從大臣們爲尋找傳位詔書手忙腳亂。第二天上午，一個小太監從懷中拿出一隻小金盒，軍機大臣托津當場扭斷固鎖，發現了嘉慶親筆寫的遺詔，果然是立二皇子旻寧爲皇太子。

一八二〇年農曆八月二十七日，旻寧在避暑山莊即位，是爲道光皇帝。二十一年前，當旻寧十八歲的時候，他的父親嘉慶皇帝，

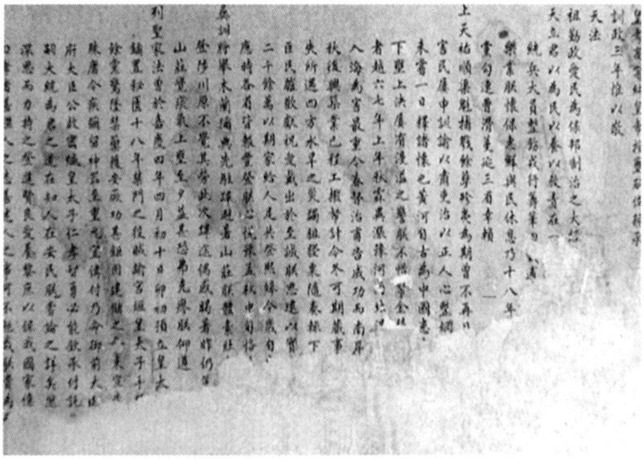

嘉慶傳位於道光的遺詔

就已經寫下了這份至關重要的傳位詔書。關於小太監找到錦匣，解決了道光繼位問題的這個說法，流傳很廣。但是，仍有不少專家認爲史實並非如此。

嘉慶在避暑山莊西暖閣暴卒之後，整整四十年，道光皇帝沒有來過，這裏無人居住。直到一八六〇年農曆八月十六日這一天，嘉慶的孫子咸豐皇帝奕詝，這位在中國歷史上簽署過最多不平等條約的大清皇帝，才又一次住進了煙波致爽殿，隨行人員中包括皇后鈕祜祿氏、皇長子載淳和懿貴妃（即後來的慈禧太后）。

一八六〇年九月二十一日，從天津登陸的英法聯軍逼近北京城。爲抵擋英法聯軍進入北京，咸豐調集了所能抽調的武裝力量，甚至包括圓明園八旗等勁旅，在京

»»» 天·工·開·物 »»»

交泰殿自鳴鐘

清嘉慶三年（一七九八）清宮造辦處製。外觀爲木櫃樓形，髹黑漆描金，周身雕蕃蓮花。通高一丈七尺四寸（清尺），分上中下三層。正面直徑錶盤三尺，盤上有大小二針，以羅馬數字分爲十二等分，小針指時，大針指分。背面有兩扇小門，門內爲弦鈕。它以表墜的勢能爲動力，使機輪轉動。三組銅質機輪分管打擊時刻，聲音各不相同，一時一鳴，一刻一響，分秒不差。

齊彥槐製天文鐘

清道光十年（一八三〇）四月齊彥槐製。銅質。通高33.4釐米。天球表面陰刻星相節候，外盤分天度爲二十四氣，每一氣分十五日；內盤分十二時，爲三百六十刻。中下部有口，可插鑰匙，上緊球內符「銅腸」（發條）以作動力。天星旋轉，時刻運行，一望而知，毫髮不差。

»»» 歷·史·名·人 »»»

■曾國藩

（一八一一—一八七二）

晚清軍政重臣，湘軍創始人和統帥。服膺程朱理學，又主張兼取各家之長。古文、詩詞也很有造詣，被奉爲桐城派後期領袖。曾鎮壓太平天國、興辦洋務。後人輯其所著詩、文、奏章、批牘等爲《曾文正公全集》。

■門捷列夫

（一八三四—一九〇七）

俄國化學家。元素週期律的發現者。著作有《化學原理》。

↑ 煙波致爽殿內景

郊八里橋與英法聯軍大戰。

在阿姆斯壯炮與步槍組成的交叉火力下，清軍精銳騎兵傷亡慘重，終致全線崩潰，聯軍直逼北京城下。二十二日上午，咸豐一行出圓明園逃亡承德，成爲第一位被外國軍隊趕出皇宮的中國皇帝。

當咸豐從避暑山莊頻頻發出諭旨，嚴命盛京、綏遠、陝甘等將軍、總督、巡撫統兵護駕和保衛京師時，十月六日，英法聯軍衝進圓明園，瘋狂搶掠，犯下了這個世界上最大最醜惡的一樁搶劫案。十月十八日，英法聯軍縱火焚燒圓明園，那場大火燃燒了三天三夜。

一八六〇年十月二十八日這一天，是中國歷史上一個恥辱的日子。咸豐在西暖閣的一間屋子裏，被迫批准了同英、法、俄簽訂的極不平等的《北京條約》，追認了《中俄瑷琿條約》。從此，九龍半島割讓給英國，黑龍江以北、烏蘇里江以東一百多萬平方公里的領土喪失。

一八六一年八月的一天，在避暑山莊剛剛度過三十一歲生日的咸豐皇帝自知不起，在西暖閣召見身邊的御前大臣和軍機大臣，宣布立載淳爲皇

»»» 歷·史·典·故 »»»

史可法的「衣冠塚」

清朝定鼎北京後，南京還存在著對立的南明政權——幾個明遺臣所立的弘光帝朱由崧政權。天無二日，多爾袞揮師南下，準備徹掃明朝殘餘勢力。

多鐸所部很快打到揚州，多鐸聽説鎮守揚州的是他深爲敬佩的史可法，就多次派人勸降，並許以高官厚祿。史可法抱定死守揚州的準備，誓不投降。在史可法的激勵下，揚州軍民無一投降。清軍進行了十日血腥屠殺。後來，史可法的家屬因無法在堆積如山的屍體中找到史的屍體，就將他生前所用的帽子和袍子葬在揚州梅花嶺，這就是史可法的「衣冠塚」。

雍正掉頭

雍正朝時，文字獄駭人聽聞。禮部侍郎查嗣庭到湖南考試，出的作文題目是「維民所止」，這是從《大學》中摘取的一句話，但有人卻向雍正告發，説「維」與「止」兩個字是「雍正」兩個字去了頭，是意欲砍皇上腦袋的意思。查嗣庭被判了死罪。雖然他已病死獄中，死後仍受到戮屍的懲罰。

»»» 歷·史·名·人 »»»

■李鴻章

（一八二三—一九〇一）清末大臣、洋務派和淮軍首領。初在鄉辦團練抵抗太平軍，屢敗。後投曾國藩爲幕僚，後升任直隸總督兼北洋大臣。開辦近代軍事工業，設立江南製造局、開平煤礦等。建立北洋艦隊。有《李文忠公全集》。

■亞歷山大·貝爾

（Alexander Graham Bell，一八四七—一九二二）發明家。生於英國，後移居加拿大、美國。曾創造了聾人教學法。一八七六年發明電話機。在電學和聲學中計量功率成功率密度比值的單位，即以其名命名。

普陀宗乘之廟全景

太子，托命八大臣輔佐年僅六歲的載淳，「贊襄一切政務」。第二天凌晨，清朝第七代皇帝咸豐去世。

據說，就在咸豐托孤肅順等人的那天晚上，西暖閣外的一道夾牆裏，有一個女人在竊聽皇帝最後的遺言，她就是後來的慈禧太后。

由於缺少檔案記錄和必要的佐證材料，關於慈禧的這段故事，或許只是野史和小說家們的一種揣測和渲染。然而，懿貴妃在避暑山莊秘密召見恭親王奕訢，利用回鑾北京的機會，發動了「辛酉政變」，這卻是有案可查的。

史料記載，咸豐死後不到三個月，兩宮太后（即慈禧太后、慈安太后）從承德回京後的第二天，「顧命八大臣」載垣、端華、肅順等人被逮捕，並被迅速處置，史稱「辛酉政變」。一八六一年十一月十一日，六歲的載淳正式登上帝位，年號「同治」，意思是「君臣同治」。

從此，王公大臣們在養心殿上小皇帝背後的那張黃幔薄紗裏，可以隱約看見兩個女人的影子……

從道光到同治年間，宮廷先後十三次把長期保存在避暑山莊的文物運往北京。據統計，這些文物多達十七萬件。到了民國初期，又一次把避暑山莊剩餘的文物運回北京，這其中就有後來收藏在京師圖書館的《四庫全書》。

道光帝畫像

全國解放初期，人民政府已開始整理和保護這座已是滿目瘡痍的皇家園林。一九五〇年，十世班禪通過青海省人民政府轉給毛澤東一份電報，提出保護內地重要的喇嘛寺。隨即，中央人民政府內務部發出通知，通令所屬各部，注意保護文物古蹟。

一九五一年成立了避暑山莊和外八廟管理處，對園林和古建築進行普查和重點維修。一九五五年從南京運回原熱河行宮的文物七千多件，將正宮區開闢成博物館，正式向外展出。

一九六一年，國務院公布了第一批全國重點文物保護單位，避暑山莊和外八廟名列其中。

二〇〇二年，承德師範專科學校中文系的錢樹信教授辦了退休手續，他的祖父曾經擔任過避暑山莊的佐領。退休後，他憑著自己深厚的古典文學功底，開始破譯、解讀早已失傳的避暑山莊清宮音樂。

萬樹園是避暑山莊舉行重大政治活動的地方，據統計，乾隆在萬樹園舉行的接見、賜宴就達四十七次之多。斯當東第一次聽到中國的宮廷音樂，應該就在這裏。

古樸的音樂很容易穿透歷史的時空，把我們帶入一個神秘的意境中。

三百年前，從康熙皇帝開始，經雍正、乾隆三代，清王朝用了近一個世紀的時間，刻意經營了避暑山莊這樣一座奇特的皇家離宮。

西元1644年 ›››› 西元1900年

第五章 文化劫掠

<1> 火燒圓明園

北京城的西北郊，在古代曾是一個巨大的天然湖泊區，風景優美，泉水清澈，元、明以來，貴族官僚相繼在這裏建造園林。至清代康熙、乾隆年間，社會經濟有了顯著發展，國庫充盈，清帝便在這一帶興起了空前規模的園林建設。一七〇九年，康熙將這裏的一座園林賜給了他的第四個兒子胤禛並親題園額曰「圓明園」，這時的圓明園，只是一座皇子的園林。在之後的一百五十多年間，雍正、乾隆、嘉慶、道光、咸豐這五位皇帝又不斷擴建，集中了大批財力物力，役使了無數能工巧匠，把它變成了一座規模宏偉、景色秀麗的園林。

圓明園圖 1

圓明園圖 2

圓明園圖 3

然而，正是這座有著「萬園之園」之稱的皇家園林，竟於咸豐十年（一八六〇年）十月，遭到了英法聯軍的野蠻洗劫和焚毀。

一八六〇年七月，英法侵略軍的艦隊闖到了大沽口外，以英法公使進京換約爲幌子，一面武力進逼，一面誘以「講和」。但侵略者存心要攻佔北京，所以在談判中漫天要價，不斷節外生枝，致使談判失敗，英法聯軍逼近北京。九月十八日，英法聯軍攻陷張家灣和通州兩處，二十一日攻下八里橋。咸豐皇帝嚇破了膽，派他的六弟恭親王奕訢為欽差大臣，留守北京主持和議，自己則帶著后妃、皇子和一批大臣逃到了熱河行宮。

十月五日，英法聯軍兵臨北京城下。據俄國外交官伊格納提耶夫提供的情報說：清朝守軍集中在東城，北城是最薄弱的地方，應先攻取；並且中國清朝皇帝也正在西北郊的圓明園。於是，英法聯軍繞抄安定門和德勝門，直逼圓明園。

闖入圓明園的侵略軍驚呆了，面對圓明園的億萬珍寶，他們無法掩飾自己瘋狂的佔有欲。法軍翻譯官德里松在他的《翻譯官手記》中這樣描述：「這一大群各種膚色、各種裝扮的人，全都蜂擁而至，撲向這一堆堆的無價之寶。他們用各種語言呼喊著，爭先恐後，相互扭打，跌跌

圓明園圖 4

圓明園圖細部

圓明園圖細部

咸豐帝像

撞撞，摔倒了又爬起來，詛咒著，辱罵著，叫喊著，各自都帶走了自己的戰利品。」

據參與和目擊過劫掠現場的英法軍官、牧師和記者描述：在法國軍營裏，堆積著珍奇的鐘錶，五光十色的綾羅綢緞，以及珍貴的藝術品，價值達三千萬法郎。法軍總司令孟托邦的兒子掠得的財寶竟價值三十萬法郎，裝滿了好幾輛馬車。一個名叫赫利思的英軍二等兵官一次即從園內竊得二座金佛塔以及其他大量珍寶，找了七名壯夫替他搬運回軍營。他因在圓明園大肆劫掠而致富，得以享用終身，因此得了個「中國詹姆」的綽號。

英法官兵瘋狂地搶奪著，每個人都是腰囊累累，滿載而歸。更為可惡的是當他們遇到不便攜帶的珍寶如銅器、瓷器、楠木等，就用棍棒將其擊毀，必至粉碎而後快乎。在大肆搶掠之後，英國全權大臣額爾金竟下令火燒圓明園！十月十八日，接到命令的英軍第一軍團一部的三千五百名士兵，在圓明園內到處縱火，大火持續了三天三夜，萬園之園的「萬間宮殿，蕩為灰燼」。獸性大發的侵略軍對此仍不滿足，進而搶掠了萬壽山、

圓明園圖細部

圓明園圖細部

圓明園圖細部

圓明園遺址 1

圓明園遺址 2

圓明園遺址 3

玉泉山、香山等著名園苑，並將暢春園和海淀鎮放火燒掉。

元兇額爾金在他的一封信中，得意洋洋、不知羞恥地寫到：「此舉將使中國與歐洲惕然震驚，其效遠非萬里之外人所能想像者。」難道他只是要用這種欲蓋彌彰的方式來掩蓋它們的劫掠罪行嗎？

十月十九日，額爾金向法國首席代表葛羅詳細解釋了他焚毀圓明園的眞實動因：在額爾金看來，焚毀圓明園既可以「赫然嚴厲」地打擊清政府，又不至於因焚毀北京城內的清宮而嚇跑了恭親王奕訢等人，從而失去勒索、訛詐的對象，因此這是一個「最無瑕疵的」選擇。英軍司令格蘭特給法軍司令孟托邦的信函中，則更加明確地坦言道：英法軍隊雖於十月初劫掠並部分地破壞了圓明園，但清政府一旦重新佔據圓明園，「一月之內，即可恢復」，對清帝不可能發揮重大的打擊作用。而徹底「焚毀此園，對於兇殘之政府，可以使之受懲」。

當時的圓明園並非僅僅是清帝的遊樂行宮，而是清廷的另一政治統治中心。英軍焚毀圓明園正是爲了從精神上打擊清帝，使之對外國人的侵略更加馴服。

圓明園的大火終於徹底摧垮了清政府

歷·史·名·人

乾隆的理解

乾隆帝雖以褒揚文化著稱，他摧殘起文人更令人咋舌。

內閣學士胡學藻主持鄉試，取《易經》中的「乾三爻不像龍」爲題，乾隆理解爲是說他乾隆非眞龍天子，就把胡學藻斬了首。還有人寫的詩中有「明朝期振翮，一舉去清都」的句子，意思是說，（鳥）明天一早展翅飛到都城，乾隆卻理解爲這是在宣揚反清複明思想；「奪朱非正色，異種亦稱王」的詩句，本意是描寫一株黑牡丹的，被乾隆理解爲在描述「異種」清朝奪取朱明政權；「清風不識字，何須亂翻書」，只是兩句風雅文詞，卻被乾隆理解爲是對滿清不懂文化的譏諷，結果，這些詩的作者都因文害命，被處極刑而亡。

一八七九年的圓明園 3

英國全權大臣額爾金

一八七九年的圓明園 4

燒毀的佛香閣址

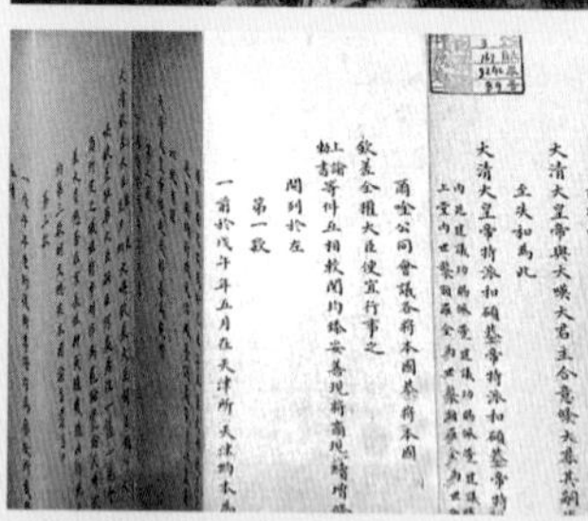

中英北京條約

一八七九年的圓明園 1

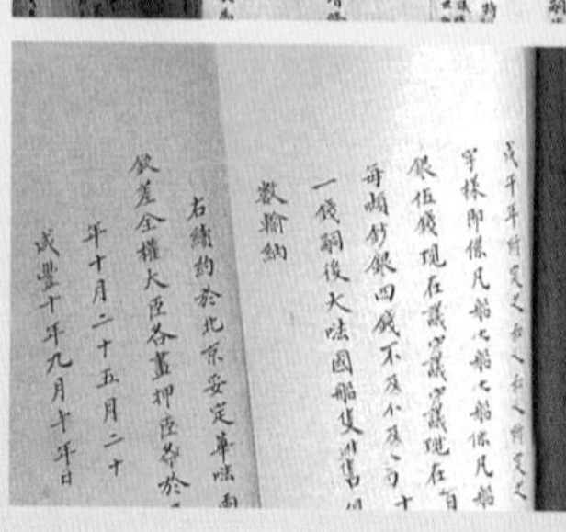

中法北京條約

一八七九年的圓明園 2

一九〇〇年進京的八國聯軍

的自尊和自信，逃到熱河的咸豐皇帝竟下諭「只可委曲將就，以期保全大局」。奕訢秉承此旨意，全盤接受英、法提出的條件，於十月二十四日和二十五日分別與額爾金和葛羅在禮部大堂交換了《天津條約》，並簽訂了中英、中法《北京條約》，十一月十四日又同俄國簽訂了中俄《北京條約》。

條約簽訂之後，咸豐仍避難於承德避暑山莊，遲遲不敢動身回京，精神受到重創，身體也每況愈下。一八六一年八月的一天，咸豐自知不濟，在避暑山莊的西暖閣內召見了御前大臣和軍機大臣，宣布立載淳爲皇太子，由八大臣輔佐年僅六歲的載淳暫時處理一切政務。第二天凌晨，清朝的第七代皇帝咸豐去世。

西暖閣旁的小院叫做西所，當時住著

天·工·開·物

銅盤牙籌計算器

清康熙（一六六二—一七二二年）。黃銅製品，盤鍍有金，外鑲木盒。盤面呈長方形。側面有十二枚雕花鈕，分別連接盤面下部的十四面稜形柱體，體面帖有象牙算籌。軸筒轉動，牙籌數字立即顯示在盤面的十二道長孔內，用頂端之數便可以和盤右側的被乘數相乘。盤面還有一浮動游尺，運算時將其固定在被乘數位置，游尺的其他孔內便出現所求之積。可用之進行加、減、乘等運算。比法國數學家巴斯加於一六四二年發明的手搖計算器運算過程快。

歷·史·名·人

■翁同龢

（一八三〇—一九〇四）清代政治家、書法家。爲同治、光緒兩朝帝師。中法戰爭時主戰，中日甲午戰爭時反對割地求和。奉光緒帝命，代擬變法詔書。後罷職回籍。著有《翁文恭公日記》等。其書法雄勁渾厚。

■彭加勒

（Jules Henri Poincar,一八五四—一九一二）法國數學家。是他那個時代的數學全才。對各領域的研究成果都是第一流的。他解決了像太陽、地球、月亮間相互運動這一類的三體問題。是現代物理的兩大支柱：相對論和量子力學的思想先驅。

懿貴妃慈禧，據說就在咸豐托孤肅順等人的那天晚上，西暖閣外的這道夾牆裏有一個女人在竊聽皇帝最後的遺言，她就是後來的慈禧太后。

一九二二年的圓明園 1

由於缺少檔案記錄和必要的佐證材料，關於慈禧的這段故事或許只是野史和小說家們的揣測和渲染，然而懿貴妃在避暑山莊秘密召見恭親王奕訢，利用回鑾北京的機會發動了辛酉政變卻是有案可查的。史料記載咸豐死後不到三個月、兩宮太后從承德回京的第二天，「顧命八大臣」端華、肅順等人被逮捕，並被迅速處置，史稱「辛酉政變」。

一九二二年的圓明園 2

一八六一年十一月十一日，六歲的載淳正式登上帝位，從此王公大臣們在小皇帝背後的那張黃幔薄紗裏可以隱約看見兩個女人的影子。素有政治權欲的慈禧通過垂簾聽政之途，操縱同治、光緒兩朝皇帝，掌握朝政近半個世紀。然而她的一系列舉措並沒有使中國走上富國強兵的道路，內憂外患此起彼伏。

慈禧像

一九〇〇年八國聯軍進京，慈禧光緒西逃，圓明園再次遭到八國聯軍的洗劫，致使同治、光緒兩朝少數修復的建築也蕩然無存。至此，這座清政府經營百餘年，綜合中外建築藝術，珍藏著中國歷代圖書典籍、文物書畫和奇珍異寶的皇家園林隕落在了歷史的塵煙中。而此時，中國的西北，一批又一批的文物、珍寶也面臨著被偷盜、被洗劫的命運。

<2> 莫高窟的劫難

他叫王圓，當過兵，後來出家做了道士。正是他在不經意之間打開了莫高窟藏經洞這一扇深奧的學術大門。

一九○○年，當了道士的王圓痛感敦煌莫高窟年久失修，竟然萌發了重修佛窟寺的念頭，開始了調查整理石窟內彩塑、壁畫的工作。

就在八國聯軍攻陷北京的第二個月，道士王圓請一位姓楊的先生抄寫莫高窟壁畫上的題記，楊先生拿準備用來照明用的芨芨草捅開了藏經洞的秘密。當時整個中國的目光都望向渤海灣，不會有任何人向這渺無人煙的荒漠與陰冷幽黑的洞窟望上一眼。

王圓將幾卷經卷送到敦煌縣令汪宗翰手裏，半信半疑的汪宗翰又把經卷送給了甘肅學台葉昌熾。作爲金石學家的葉昌熾，立刻建議把所有經卷送省城蘭州保管。不料，省政府竟然捨不得出運費，僅在西元一九○四年三月下令由敦煌縣衙清點。

一九○六年二月，一個爲英國服務的匈牙利猶太人斯坦因來到中國。

»»» 歷·史·典·故 »»»

有關《四庫全書》的數字

一七七三年，乾隆命大學士紀昀擔任總纂官，編寫一部規模宏大的叢書《四庫全書》。參加編寫的大小官員共三百六十人，加上負責抄寫及打雜的，先後共組織了三千八百多人。這些人從兩萬多卷的《永樂大典》中抽取零星材料，恢復了五百多部珍貴文獻。經過十年功夫，一七八二年，《四庫全書》編纂完成，共收圖書三千五百零三種，七萬九千三百三十七卷。全書抄了七部，分藏在七個地方：皇宮、圓明園、熱河行省、奉天、杭州、鎮江、揚州。

和珅之最

和珅被查抄後，刑部列了一份「家產清單」，從清單看，和珅是除皇帝外，財產第一的人物。他佔了好多全國之最：白銀最多（除各種銀製器皿外，藏銀一千八百四十八萬兩）；黃金最多（赤金五百九十二萬兩，尚不計金製器皿）；土地最多（八十萬畝）；珍珠、寶石最多（大寶珠就有六十餘顆）；此外，玉器最多、古玩最多、皮裘最多、洋貨、木器、日用品最多、當鋪最多（七十五座）、銀號最多（四十二座）……眞是富可敵國！

»»» 歷·史·名·人 »»»

■譚嗣同

（一八六五－一八九八）清代政治家。自幼鄙視科舉，講求經世致用。一八九七年協助湖南巡撫陳寶箴推行變法新政。主張對頑固派予以反擊。戊戌政變後被捕就義，是戊戌六君子之一。遺著輯爲《譚嗣同全集》。

■索緒爾

（Ferdinand de Saussure 一八五七－一九一三）瑞士語言學家。他把語言看作社會心理現象。提出語言是一種表達觀念的符號系統，區分語言符號的能指和所指、語言中的組合關係和聯想關係、共時研究和歷時研究。其學說對結構主義語言學派的建立有重要影響。

這一次他是從土耳其商人那裏聽說敦煌王道士手裏有古書，於是，不顧一切地趕到了敦煌。不過他發現王道士是一個很難對付的人，僅僅依靠錢是無濟於事的。斯坦因依靠他的助手幫助，竟然讓王圓相信他是玄奘的信徒，他來中國是爲了向玄奘的繼承人取經。當斯坦因進入藏經洞時，眼前的景象竟讓他一下子驚呆了，他在《西域遊歷》中回憶道：當我看到漸漸露出的小洞時眼睛都瞪大了，卷子一層層堆積起來，在王道士昏暗而微小的燭光裏它高達十英尺，整個手稿近五百立方英尺。

斯坦因用七晝夜的時間，肆意挑選著文物，他懷著難以遏制的激動心情判斷這些一千年前用多種文字書寫的手稿和精美絕倫的繪畫。他說：就分量以及保存完好而言，我以前所有的發現無一能同此相比。斯坦因選中了三千多卷保存完好的經卷，五百幅以上的繪畫，裝在二十九個大木箱裏，悄悄地離開了敦煌。他付給王道士的是四十塊馬蹄銀，只相當於二百兩銀子。

十六個月後，這些珍寶到達倫敦大英博物館，一下子震動了整個歐洲，斯坦因的發現被列爲二十世紀最偉大的發現之一。世界各國都把目光投向了這個沙漠中的古代佛國，法、日、俄和美國迅速組織

道士王圓像

敦煌舊景 1

敦煌舊景 2

敦煌舊景 3

甘肅學台葉昌熾

敦煌藏經洞

敦煌莫高窟第328窟東壁北側供養菩薩行例

敦煌莫高窟第328窟東壁北側供養菩薩（局部）

探險隊，從不同的方向趕往中國。寂寞數百年的敦煌突然多了許多不速之客。

法國人伯希和在當天的日記裏寫道：今天是節日，我一連十個小時都蹲在儲藏文書的洞窟當中，但卻沒有一絲後悔。美國人華爾納在一九二四年一路趕到敦煌，當他看到精美絕倫的壁畫時感歎到：我除了驚訝的目瞪口呆外再無別的可說。他用預先準備好的化學膠布，黏走了二十六方最精美的壁畫，還盜走了幾尊彩塑，包括高1.2米的半跪觀音。沙俄帕米爾地質考察隊的勃奥魯切夫，早在一九〇五年，就從王圓手中騙去一批文書經卷。一九一四年，另一個俄國人奧登堡也來到敦煌，剝去一批壁畫，盜走一些彩塑。日本大谷探險隊在一九一一年趕到敦煌，探險隊的兩位主要成員吉川小一郎和橘瑞超從王圓手裏買到三百多卷寫本經卷和兩尊精美的唐代塑像，連同盜掘到的大量吐魯番文書滿載而歸。直到伯希和在北京炫耀他偷盜的贓物被著名學者羅振玉等人發現報告清廷時，敦煌文物被盜才被腐敗的清政府所知道。一九〇九年清政府下令將敦煌藏經洞剩下的經卷送到北京，這批經卷在路上又不斷被盜竊，從藏經洞發現的四

5 中國史話 ◆ 文化劫掠

匈牙利的猶太人斯坦因

斯坦因的翻譯蔣孝琬

敦煌被盜走的經卷

莫高窟北魏鹿王本生故事

伯希和在藏經洞

美國人華爾納

美國人華爾納盜走的半跪觀音

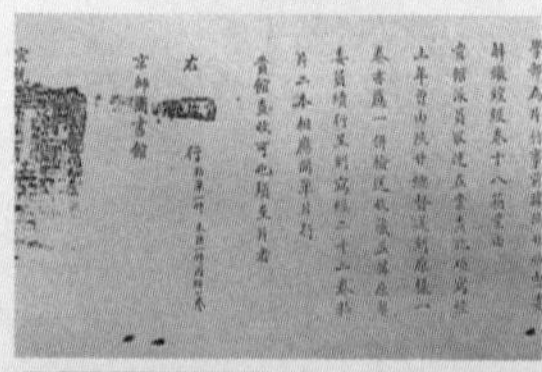
清政府查收藏經洞文獻的公文

莫高窟唐樂舞

法國人伯希和

王國維與羅振玉

日本人大谷光瑞

俄國人奧登堡

俄國人奧登堡的探險隊

大英博物館內的敦煌繪畫《騎白象的普賢菩薩》

俄羅斯聖彼德堡東方研究所藏有奧登堡盜取的敦煌彩塑 護法瘦菩薩像

萬多件珍寶運到北京的只剩下八千六百九十七卷了。

一九〇九年的中國，清政府已經走到了崩潰的邊緣。金石學家羅振玉按照慣例踱進蘇州胡同一家字畫裝裱店。突然被店中所掛古代文書震驚，多方打聽才知道是一個叫伯希和的法國人送來的，羅振玉找到了自己的同學，一起要求伯希和在六國飯店當眾展示他手裏的古董，得意忘形的伯希和在羅振玉等人的追問下終於說出這些古書來自風沙瀰漫的敦煌莫高窟。羅振玉、王國維等人痛心疾首，這以後他們每天都要到八寶胡同伯希和住所來觀看、抄錄伯希和手裏的敦煌文獻。中國的敦煌學就這樣在匆忙中開始了它辛酸的歷程。

保存在敦煌藏經洞的《水月觀音像》

敦煌莫高窟 1

敦煌莫高窟 2

華爾納盜走的敦煌壁畫

羅振玉急不可待的將敦煌劫難的情況報告給了學部左丞喬書南，由他下令給陝甘總督，就地封存莫高窟藏經洞，並且撥款庫銀六千兩，讓敦煌縣令收集失散的文物。新疆巡撫何嚴聲負責將藏經洞內全部文獻解送北京。

王圓在押運車輛到來之前，悄悄地把許多珍貴寫本藏在了兩個大轉經桶裏，這些珍貴文獻最終被一九一四年第二次來到敦煌的斯坦因，和日本大谷探險隊運到了國外。運往北京的敦煌文獻，沿途受到各地官吏雁過拔毛似的掠奪，尤其是負責押運的官員在到達北京後直接將車隊拉回了自己家，指示他的兒子把所有經卷寫本檢查一遍，凡認爲不錯的一律竊藏。他將其他文獻撕開來補充卷數的不足。這些藏本最終以八萬日圓賣給了日本人，這是敦煌劫難中最爲令人憤慨和辛酸的一段。

尤其不可思議的是，一九二〇年，一批在十月革命中流亡出來的白俄官兵竄入中國境內，被當時的中國地方政府扣留，敦煌的官員把殘破的莫高窟作爲監獄，竟把這大

黑水城出土的唐卡《熾盛光佛圖》

黑水城出土的唐卡《降魔成道圖》

歷·史·名·人

■李秀成

（一八二三—一八六四）太平天國將領、後期軍事統帥。天京事變後，與陳玉成領軍務，解天京之圍。後兵敗被俘。寫有長篇供詞，記述太平天國後期軍事甚詳，但流露出偷生乞憐情緒，不久被殺。

■涂爾干

（mile Durkheim,一八五八—一九一七）法國社會學家，社會學的學科奠基人之一。1898年，創建《社會學年鑒》。圍繞這一刊物形成法國社會學年鑒派。著作有：《社會分工論》、《社會學方法的規則》、《自殺論》等。

約五百五十名沙俄官兵全部關了進去，潦倒的沙俄官兵把絕望的心情發洩到了敦煌的壁畫上，於是這裏留下了斯拉夫語的下流話和他們部隊的番號，還有煙燻火燎的痕跡。

黑水城遺址 1

俄羅斯海軍中校科茲洛夫

黑水城遺址 2

就在敦煌繼續遭受煎熬的同時，爲搶救敦煌文化遺產的中國學者出現在歐洲的圖書館與博物館中。大英博物館內的敦煌文物涉及多方面的內容，從文字方面說，有漢文、突厥文、西夏文、吐蕃文、吐火羅文、回鶻文、梵文等多種，對於研究這些古老民族的歷史文化，有著不可估量的價值。敦煌藏經洞的文獻，幾乎涉獵了社會的各個領域，有醫學穴位圖，有軍事文書，有詩稿小說，有舞譜，有乘法口訣，還有

黑水城遺址 3

黑水城遺址 4

華爾納從敦煌328窟盜走的跪拜菩薩像

字帖，地契，賣身契，林林總總，舉不勝舉。

唐代的繪畫作品流傳至今的極爲罕見，而藏經洞出土了大量的唐朝繪畫。法國人伯希和憑藉著深厚的漢學功底於一九〇八年把在考古學、語言學、文化學方面最有價值的六千多卷寫本和一些畫卷帶回了巴黎。大英博物館內的敦煌繪畫最爲精采。騎白象的普賢菩薩，他和勇猛的金剛力士都用自然流暢的線條和絢麗的色彩繪成，顯示出畫家技法的成熟。一幅伏虎羅漢圖，羅漢的眉毛很長用來顯示他有很大的年紀；而一幅水月觀音像是保存在敦煌藏經洞的孤本。

俄羅斯聖彼得堡東方研究所藏有奧登堡盜取的敦煌壁畫和彩塑，他從敦煌盜走的經卷編號有一萬九千多號，可見其數目

歷·史·典·故

平步青雲

和鮮是滿洲正紅旗人，少時家境貧寒。他以一個三等侍衛，侍奉乾隆皇帝行止，因「奏對稱旨」，得乾隆垂愛，升爲御前侍衛，授正藍旗滿洲副都統。不到四個月，又升爲軍機大臣。兩年之中，他先後擔任和兼任户部右侍郎、總管內務府大臣、鑲黃旗滿洲副都統、國史館副總裁、户部左侍郎兼吏部右侍郎，又兼步軍統領。此後又歷任户部尚書、御前大臣、議政大臣、鑲藍旗滿洲都統，領侍衛內大臣。眞可謂平步青雲！

最多產的詩人

乾隆是中國歷史上頗有作爲的君主，卻也是中國歷史上的多產詩人。《嘯亭雜錄》稱乾隆著詩十餘萬首。現存《御制詩》五集有四萬一千八百首，《餘集》有七百五十首，《樂善堂集》有一千零三十四首，總計爲四萬三千五百八十四首，可謂中國詩人之最。乾隆的詩棄輕靡浮豔，多以詩紀事，以詩記史，以詩詠志之作。

歷·史·名·人

■僧格林沁

（？—一八六五）清朝將領。內蒙古人。一八五九年指揮大沽口海戰，大敗英法聯軍。大沽口、天津失陷，他統率騎兵七千、步兵萬餘名，退守通州，在八里橋殊死抗擊英、法聯軍，慘敗革職。後奉命「剿捻」，被擊斃。

■西蒙·玻利瓦爾

（Simn Bolvar, 一七八三～一八三〇）南美西班牙殖民地獨立戰爭領袖。一八一三年委內瑞拉獨立，獲「解放者」稱號。一八二五年建立玻利維亞共和國，結束了西班牙在南美的統治。

的巨大。華爾納從敦煌三百二十八窟盜走的跪拜菩薩像，精致柔和的線條，雍容華貴的容貌顯示出盛唐成熟的藝術風範，尤以護法瘦菩薩像清純虔誠。

美國哈佛大學福格藝術博物館藏有華爾納從敦煌莫高窟用膠布黏走的那些壁畫，由於華爾納沒有帶夠膠布，只能把一幅畫中他認爲精采的部分黏走，這正是華爾納毀壞敦煌壁畫的鐵證。流失到日本的敦煌文獻因爲遭受二次大戰空襲，大部分從博物館流失到私人手裏，很難統計和找尋了。

敦煌藏經洞文獻的流失，導致了國際性學科——敦煌學的產生，然而，敦煌文獻流失到世界許多國家，又打亂了敦煌文獻的系統性，給敦煌學的研究發展帶來了困難。直到現在世界各國所藏敦煌文獻還有多少沒有被解讀，還有多少被封存在倉庫或文件櫃中沒有面世，還有多少作爲收藏品束之高閣不能發揮其應有的作用，我們很難說清。

<3> 黑水城遭到了滅頂之災

上個世紀初、一九〇八年四月的一個黃昏，一支來自境外的駱駝隊出現在中國西北部巴丹吉林沙漠的深處。領頭的是一名俄羅斯海軍中校，叫科茲洛夫。

黑水城出土的唐卡《阿彌陀佛來迎圖》

黑水城出土的唐卡《阿彌陀佛淨土》

黑水城出土的唐卡《觀音圖》

黑水城出土的唐卡《大勢至菩薩》

科茲洛夫此次中國之行名義上是受當時俄國地理學會的派遣專程來進行科學考察，但眞實目的卻是爲了驗證一個傳說。十九世紀末曾到過中國的俄羅斯旅行家波塔寧曾在他的一本傳記裏記載了一個叫黑水城的地方藏有許多珍寶。

黑水城——一座湮沒在歷史長河中近千年的古城，它位於內蒙古額濟納旗達賴庫布鎭東南二十五公里的荒漠中。

傳說西夏末年有一個名爲黑將軍的西夏守將曾在這裏與敵軍交戰，寡不敵衆，被久困城中。敵軍攻城不下就切斷水源，城內軍民陷入絕境，黑將軍率衆在城內挖井數丈不見水，絕望中，他殺死自己的妻子和兒女，爾後將府庫所藏八十車財寶深埋井中後，在城西北側破牆打洞率軍突圍。

斗轉星移，近七百年過去了，黑將軍的故事始終只是個傳說，但從十九世紀末開始這個故事卻招來了一個又一個貪婪的不速之客。科茲洛夫就是其中的一個，當年他來到額濟納尋找黑水城的遺址時，被當地牧民一次次地拒絕。土爾扈特人像對待以往來這的其他外國人一樣，否認了黑水城傳說，沒人願意爲科茲洛夫帶路，也許他們心裏清楚：一批批來這裏的所謂探險者最終目的就是要將原來不屬於他們的東西歸爲己有，這一點在土爾扈特人看來是極不道德的。

據說有備而來的科茲洛夫找到了當地的蒙古王爺達西。王爺開始也並不打算告訴他，所以竭力否認了黑水城的傳說，但最終讓達西王爺動心的是科茲洛夫事先準備好的那些他從沒見過的禮物和一封俄國駐北京使團轉請清政府加封達西的信件。被誘惑了的達西王爺不但爲科茲洛夫提供了前往黑水城的路線，而且還加派了嚮導。

科茲洛夫終於來到了夢幻般的黑水城，後來他說：「我永遠不會忘記那一刻欣喜若狂的心情……」據科茲洛夫本人記載，一九〇八年初春，他第一次步入黑水

大佛塔

»»» 天·工·開·物 »»»

乾隆嘉量

清乾隆九年（一七四四）。置於紫禁城太和殿前丹陛右之小亭屋中。圓形與方形各一，銅鎏金，均刻有乾隆御銘：一爲總銘，方圓皆同，說明製器目的和作用，以爲古今度量衡之準則；二爲方、圓各部位之尺度和容積銘文，以滿、漢文刻之。它仿新莽嘉量，又有所不同，即深度相同而尺數不同；清律尺與新莽尺的尺數相同而實際容積不同。經實測，與銘文所記容量基本一致。既保留了古尺度，又順應了時代的發展，是說明古今度量衡的變化與關係的重要實物資料。

南懷仁製渾天儀

清康熙八年（一六六九）比利時籍南懷仁所製的觀測儀器。分外、中、內三層，外層六合儀，中層三辰儀，外層四游儀。內層由極軸、赤經雙環等構成。晝面刻度採用西洋新法。各環的相對位置固定，其整體可繞儀器之極軸東西旋轉，以測定昏、旦和夜半中星以及天體的赤道座標，有時也可測定黃道經度和地平座標。

»»» 歷·史·名·人 »»»

■**康有爲**

（一八五八—一九二七）清末思想家、文學家。在甲午戰爭失敗後「公車上書」，請求變法圖強。一八九八年與梁啓超等人發動戊戌變法運動，失敗後逃亡國外。著作有《新學僞經考》、《孔子改制考》、《南海先生詩集》等。

■**梵谷**

（Vincent Van Gogh, 一八五三—一八九〇）荷蘭畫家。後印象派代表人物。後因精神病死去。作品色調強烈，表達主觀感受和情緒。有《向日葵》、《星空》、《吃馬鈴薯的人》等。

黑水城出土的唐卡《水月觀音》1

黑水城出土的唐卡《水月觀音》2

城，在城內的街區、寺廟遺址上很輕易就挖出了十多箱文物，包括絹質佛畫、錢幣、婦女用品等。

這些文物被科茲洛夫經由蒙古驛站運往了俄羅斯聖彼得堡，之後他離開了黑水城。當這批文物被運到俄羅斯，文物中那些沒有人認識的文字和造型獨特的佛像讓聖彼得堡的俄羅斯地理學會當即做出決定：科茲洛夫探險隊放棄原計劃深入四川考察的行動，立即返回黑水城，不惜一切代價，集中人力、物力對黑水城展開更大規模的挖掘。

一九〇九年六月，僅用了九天時間就從青海重返黑水城的科茲洛夫，對黑水城展開了一次大規模挖掘。

由於在城區內收穫不大，科茲洛夫便將目光投向了城外。一座距古城西牆約四百米、位於乾河床右岸的大佛塔，成爲了他首先獵取的目標。當這座佛塔被打開後，科茲洛夫簡直不敢相信自己的眼睛，因爲展現在他面前的是一座無法用金銀財寶去衡量的歷史博物館。正是這座後來被科茲洛夫稱之爲「偉大的塔」的佛塔內豐富的文物，爲之後揭開西夏的歷史之謎提供了詳實的文獻史料，從而也催生了一門新的國際學科——西夏學。

當年嘗到甜頭的科茲洛夫自從發現了「偉大的塔」後，挖掘行爲變得更加野蠻，幾乎是見塔就挖。他瘋狂的挖掘，給黑水城和距黑水城不遠同是西夏遺址的綠城後來的考古都帶來了難以彌補的損失。由於失去了第一手挖掘資料，讓許許多多的歷史之謎永遠都無法破解。按說從十幾歲就熱衷於考古的科茲洛夫應該明白這一點，但膨脹的欲望吞噬了理智和良知，就像附加在探險家肩上的軍銜完全是爲了掠奪的需要。

據當年俄羅斯地理學會記載，在一九○九年那次挖掘中，科茲洛夫還在那座被他稱爲「偉大的塔」的內部發現了一幅坐姿骨架，骨架被運回俄羅斯後經鑒定爲女性。之後隨著俄方考古人員對黑水城文物的逐步破譯，漢學家孟列夫發表文章說，此人是西夏王朝第五代帝王李仁孝的皇后羅氏，她極有可能是敗北於宮廷鬥爭被發配到黑水城，死後就葬在了那座塔裏。塔內所發現的文物文獻應該是這個女人的私人藏品。可惜的是這個保存於前蘇聯國家科學院內的骨骸，在第二次世界大戰列寧格勒保衛戰中神秘地丟失了，給西夏學研究留下了永遠的遺憾。

從一九○九年六月十二日開始，經過九

歷·史·典·故

喜頭哀尾

袁世凱從青年始就很迷信，總是喜歡算卦、相面、看風水、批八字之類。據說，籌備帝制時，他曾請一星相家拆字，他指定自己的姓「袁」字，星相家說：「袁字是喜字頭，哀字尾。」說得袁世凱心中鬱悶不已。又讓他占卜，結果是：姜太公八十遇文王之象。袁心中不安，楊度知道後，開釋他說：「姜太公是大周的元勳，代周開創八百多年的基業，此象乃吉兆，所謂八十者，蓋以一當十也。」袁才高興起來。

歷·史·名·人

■梁啓超

（一八七三——一九二九）維新運動的領袖人物。一八九六年創辦《時務報》，任主筆。戊戌政變失敗後逃日本，創辦《清議報》。主張君主立憲。著作有《新民說》、《中國歷史研究法》等。輯有《飲冰室合集》等。

■列寧

（Vladimir Lenin,一八七○——一九二四）俄國革命家。俄國一九一七年二月革命以後，舉行武裝起義。十一月七日，「阿芙樂爾」號巡洋艦的炮聲宣告十月社會主義革命勝利。人類歷史上第一個無產階級專政的社會主義國家誕生了。

從大佛塔中出土的文物 2

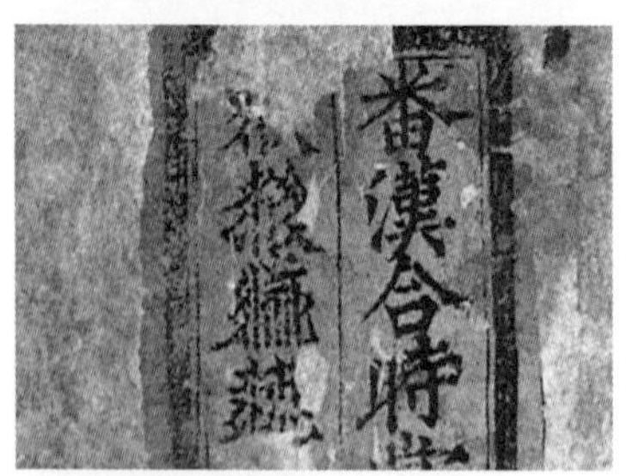
《番漢合時掌中珠》

《天經改舊新訂律令》

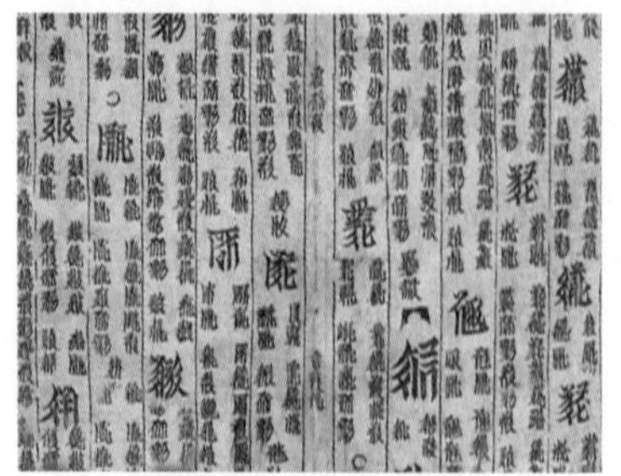
《文海寶韻》

天的掠奪式挖掘後，科茲洛夫懷著從沒有過的滿足感，最後，馱著從數量上到質量上都比第一次挖掘更爲豐厚的文物、文獻悄悄地離開了黑水城。

據說，科茲洛夫當年除把能運走的運走外，一些大件不便運走的就近埋在了古城的周圍，但究竟埋在什麼位置，埋了多少，至今還是個謎。

來自黑水城的文物當年在俄羅斯存放的相當一段時間內，因爲沒有人識別西夏文，俄國人並不知道它們的來龍去脈。轉機出現在一九〇九年，俄國著名漢學家伊鳳閣教授，在成堆雜亂的黑水城文獻中發現了一本西夏文、漢文雙解詞典《番漢合時掌中珠》，這是一本西夏人和漢人相互學習對照語言文字的工具書。《番漢合時掌中珠》的出現無疑成了一把打開西夏歷史之迷的鑰匙。至此，俄羅斯的學者們才明白，原來科茲洛夫兩次用駱駝馱來的是中國中古時期西夏王朝一百九十年的歷史。

在西夏學的研究方面，一直

從大佛塔中出土的文物1

有個奇特的現象：那就是西夏的歷史在中國，研究卻在國外。造成這種現象的關鍵就是中國西夏學者缺少有價值的第一手資料。那麼黑水城到底丟失了什麼？這是一個幾代中國西夏學者都在始終關注的懸念。

在俄羅斯聖彼得堡，當中國西夏學研究者第一次站在位於涅瓦河畔金碧輝煌的東方研究所內，站在黑水古城被盜文物、文獻面前時，他們的心顫慄了！就當時的感受，中國社會科學院民族研究所西夏學研究中心主任史金波先生曾有過這樣的描述：「好像穿越了時空隧道一下子進入了西夏時代，眼前是一幅完整而又活生生的西夏歷史畫卷。高大的書架上那依然透著黃沙氣息的西夏文物文獻彷彿向來自故鄉的親人傾訴著許多年來他們對故鄉的思念；那悠揚的西夏樂曲、獨特的西夏語言、低沉的誦經聲連綿起伏，環繞在周圍不絕於耳。」

這裏有西夏文文獻八千多個編號，其中不同版本的佛經近千種。文獻中有中國最早的雙解語字典《番漢合時掌中珠》；有中國中古時期唯一保存原件、內容豐富的西夏法典《天聖改舊新定律令》；有以

»»» 天·工·開·物 »»»

康熙地球儀

清。銅質。赤道線長一百九十二、半徑約三十二釐米。球面上有赤道、黃道和經緯線。白色的黃道和黑色的赤道用雙線畫成。黃道上有二十四個節氣名，球面上有南北回歸線和南北極圈。因畫法採用由零度到三百六十度，一百八十度通過英國以西的大西洋，故本初子午線在西太平洋上。經緯線都是每隔十度畫一條。標有行政區劃、地名、河流、湖泊等。球體安裝在黃銅製的地平圈上，上有刻度，分爲四段，每段九十度，北極上有時盤，上刻「子初」等字樣。

眼病蒸洗器

清太醫院用具。器分兩截，外爲楠木，內鑲銀皮。下截爲缽盂式，上截一埠圓，一鍛口扁，圓者向下，覆蓋在缽盂上，扁者向上，對著患眼。治病時，把煮成的藥液趁熱放進缽盂，套上上截，將患眼對著出蒸汽的扁口進行薰蒸。

黑水城出土的唐卡《歡喜金剛》

黑水城出土的《貴人像》

黑水城出土的唐卡《不動明王》

黑水城出土的《月星圖》

黑水城出土的唐卡《金剛亥母》

黑土城出土的泥塑雙頭佛像

韻爲序，將所有西夏文字按韻排列並對每個字形字意和字音都做了注釋的《文海寶韻》；有全面記載西夏自然、社會的類書《聖立義海》；有西夏軍事法典《貞觀玉鏡統》等多種重要文獻。

這還不是它的全部，在距離東方研究所不遠處同一條街上的聖彼得堡博物館內，同樣藏有黑水古城出土的大量西夏時期的雕塑、壁畫、唐卡、繪畫等珍貴文物。在這些文物中，放置在館內顯要位置的是一尊彩塑雙頭佛，是佛教界絕無僅有的稀世珍寶。

歷·史·典·故

飛騰六合定乾坤

洪秀全年輕時，曾一心想考取功名，但幾次應試都名落孫山。後來他結識了華人牧師梁發，讀基督教小冊子《勸世良言》，很受啓發，就在一八四三年創立了拜上帝會。他自稱是上帝次子，耶穌弟弟，開始了傳教活動。他宣稱皇上帝是世間唯一眞神，其他神仙鬼怪都是妖魔，大家要平等互愛，趕走所有妖魔。洪秀全的拜上帝會不是單純的宗教組織，這可以從他的一首詩中有所體現：龍潛海角恐驚天，暫且偷閒躍在淵。等待風雲齊聚會，飛騰六合定乾坤。

歷·史·名·人

■錢大昕

（一七二八－一八〇四）清代史學家、漢學家。無經不通；無藝不習。於音韻訓詁尤多創見。又長於史籍的校勘考訂，撰有《二十二史考異》。有志重修元史，曾補撰《藝文志》、《氏族表》。金石考證方面著有《潛研堂金石文跋尾》等多種。

■詹姆斯·瓦特

（James Watt, 一七三六－一八一九）英國發明家。他改進、發明的蒸汽機是對近代科學和生產的巨大貢獻，具有劃時代的意義，它導致了第一次工業技術革命的興起，極大的推進了社會生產力的發展。

東方研究所内的西夏文物 1

東方研究所内的西夏文物 2

東方研究所内的西夏文物 3

東方研究所内的西夏文物 4

東方研究所内的西夏文物 5

科茲洛夫因爲黑水城文物的挖掘而蜚聲海內外，使他從此在考古界佔有了重要的一席之地。當年，科茲洛夫曾在沙皇居住的夏宮向尼古拉二世用幻燈展示了他在黑水城的偉大發現，然後又在聖彼得堡東方研究所首次向世人展出了他們輝煌的戰果。

就在那次參觀展出的人群中，一位美國人被深深的吸引了，他就是哈佛大學福格藝術博物館的蘭登．華爾納。離開聖彼得堡的華爾納於一九二三年冬天急不可待地沿著科茲洛夫當年走過的路趕到了黑水城。遺憾的是華爾納的運氣遠不及科茲洛夫，古城內外幾乎處處都可以看到科茲洛夫挖掘過的痕跡。憤怒的華爾納大罵

東方研究所內的西夏文物 6

黑水城出土的《頂髻尊勝佛母》

聖彼得堡博物館內的黑水城出土的西夏時期珍貴文物

科茲洛夫和後來也到過黑水城、曾以盜取大量敦煌文物而聞名於世的英國探險家斯坦因是兩頭野豬，把這裏啃得一乾二淨。失望的華爾納最後只帶著幾個破損的陶罐兒不甘心地離開了黑水城，而後在敦煌重演了和斯坦因內容相同的盜寶醜劇。繼華爾納之後，日本人也介入了對黑水城的文物掠奪，情況如何他們秘而不宣。

科茲洛夫在他的日記中曾有過這樣的記述：「對腐敗愚昧的清朝政府和它的走卒僕從來說，只要能發財升官，又何惜這陳年的古董廢物。」不能說科茲洛夫說得沒有道理，十九世紀末正是因爲清政府的腐敗才使得一些西方列強在武力侵略的同時，以各種名目或藉口採取不正當的手段，對中華民族的文化進行了野蠻的掠奪。今天，無數件仍然珍藏在世界各地著名博物館內的中華文化瑰寶，就是讓每個國人心痛的見證。

西元1644年 ›››› 西元1900年

第六章 近代鐵路

十九世紀是一個充滿創造和夢想的世紀，在這個世紀裏，出現了一系列影響深遠的事物。一八一四年，鐵路和蒸汽機車誕生於英國，是這個時代的標誌之一。

十九世紀末，曾經顯赫一時的中國封建王朝在內優外患中走向衰落。此時的中國也在修建鐵路，然而他最初的命運卻和一個女人的好惡聯繫在一起，他的名字叫——葉赫那拉慈禧

<1> 西苑鐵路解密

楊乃濟，北京旅遊學院教授，是研究明清文物方面的專家。一九八一年，他成爲了中國第一歷史檔案館保管利用部最固定的資料查閱者。坐落在故宮西華門內的這座檔案館，收藏著大量的明清原始宮廷文字記載。

慈禧

一九五五年畢業於清華大學建築系的楊乃濟，一直從事中國古代建築工程的研究。明清兩代的一些工程有文字記載，但是已經找不到蹤影，這些神秘工程是他研究的重點。

一九八一年十二月八日上午，楊乃濟來到單位後翻開當天的《北京日報》，一篇短小的文章進入了楊乃濟的視線：「慈禧圖享樂，太監拉火車」。這篇文章中記載，光緒年間曾有一條鐵路貫穿與中南海和北海之間。在這條鐵路上，不是火車頭來牽引列車，而是由太監拉著走。

這篇文章引起了楊教授的興趣，於是他在中國第一歷史檔案館的衆多清代宮廷記載中，一次又一次地查找著這條鐵路的蛛絲馬跡。

北京故宮西華門

雖然楊乃濟以前接觸過很多清代工程，但是這條神秘鐵路修建在皇家園林之中，令楊教授疑惑不解。

中國第一歷史檔案館

北海，是中國現存歷史悠久，規模宏偉的一處古代帝王宮苑。一一七九年金朝建中都時，就在這裏大興土木，建了大寧宮。後來，蒙古人建大都時，就曾以北海的瓊華島爲中心設計宮殿建築。各朝各代的皇帝和貴族們曾在這裏遊玩，當然這其中也包括清末的實際統治者，西太后慈禧。

北京北海

昔日的皇家園囿已變成了今天的旅遊景點，人們在這裏怡然自得。但很少有人能想像到，這個曾經封閉的皇家園林會與鐵路有什麼關聯。

十八世紀的英國

楊乃濟在《清宮詞》裏找到了關於這條鐵路的重要線索。《清宮詞》所記載的是清代一些官員的宮廷見聞。其中一篇提到的一些細節很像是傳說中的北海鐵路。

「宮奴左右引黃帆，軌道直鋪瀛秀園，日午御膳傳北海，飆輪直過福華門。」

十八世紀的英國鐵路

據史料記載，慈禧在一八八八年住進中南海的儀鑾殿以後，中午時就到北海的靜清齋裏用膳。這首清宮詞就是記錄當時慈禧由中南海到北海的情景。但詩中提到的「軌道」就是傳說中的鐵路嗎？「飆輪」就是傳說中的火車嗎？在一八八八年之前，中國曾經出現過三條鐵路。這三條鐵路的命運，讓人們不敢相信，北海裏還會修築鐵路？

宣武門箭樓

北京的東交民巷是清末外國駐華使館的所在地，同時也是外國人在北京的主要生活場所。十九世紀中葉，外國人建議清政府修鐵路，但都沒有結果，在這種情況下他們並沒有放棄。一百三十六年前，就在這裏他們進一步策劃：無論採取什麼樣的手段都要把鐵路修進中國。

慈禧像

十八世紀的英國，是蒸汽機車和鐵路運輸事業發展最早的國家。到一八三二年，英國已擁有商業鐵路二十四條，其中最興旺的鐵路，一年可以運送貨物七萬噸。一八六五年，英國人的策劃得以實施，一個叫杜蘭德的英國

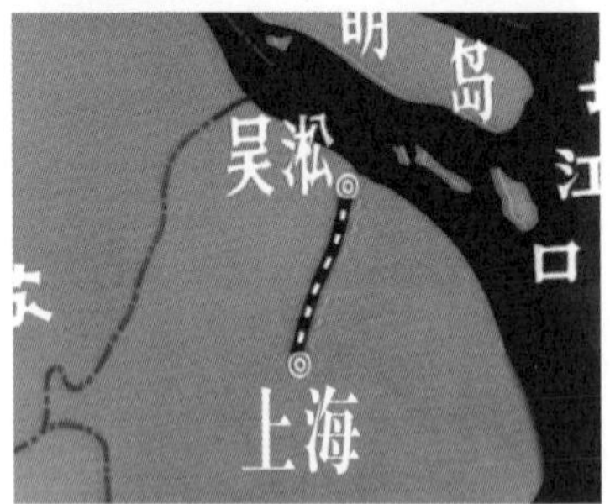

滬淞鐵路地圖

上海的鐵路 1

淞滬鐵路及機車

商人出面，在北京宣武門外修建了一條長約一里的小鐵路，想借此博得清政府的認同。

據民國初年的《春冰室野乘》記載：「英國人用一種奇怪的小汽車在宣武門外的鐵路上跑，速度非常快。京師人從來沒有見過這種東西，都非常害怕，以爲是妖物，舉國若狂，幾至大變」。這條廣告鐵路不但沒有得到人們的讚賞，反而引起了清朝統治者的恐慌，於是慈禧下令讓步軍統領以「失我險阻，害我田廬，妨礙我風水」的理由，把它拆除。中國的第一條鐵路就這樣消失了。

中國的第二條鐵路出現在一八七五年的上海。英國人在引誘等方法都失敗之後，就索性使出欺騙手段。一

»»» 歷·史·典·故 »»»

代天父傳言

一八四八年，拜上帝會的影響加大，骨幹分子馮雲山被抓走了，洪秀全外出去做營救工作。一時間，拜上帝會處於潰散狀態。另一骨幹分子楊秀清想出條妙計。他在會眾集會時，忽然昏倒，「醒」來後說：「天父上帝聽說馮雲山被抓，洪秀全去營救，拜上帝會人心潰散，就讓我借他魂魄下凡，以安眾心。」大家一聽，天父上帝的魂已附在楊秀清身上，都虔敬地跪拜他，頓時群情激昂。馮雲山被救出來，但楊秀清可以代天父傳言，其宗教地位高於洪秀全，爲太平天國運動的發展埋下隱患。

曾國藩剛到湖南創建清湘軍之時，長沙正發生搶米風潮。百姓痛恨貪官污吏、被逼反抗。曾國藩認爲亂世發生搶米之風乃是饑民暴動的先兆，必須嚴厲鎮壓。他派人抓住了十三名打劫米行的人。這十三人乃是義士，他們所搶的米行老闆是個地道的奸商，市民們對他無不咬牙切齒，這回搶了奸商米行，將米分給百姓的行爲，深受平民感戴。曾國藩知道，按照大清律令，這十三人各杖五十棍，遊街三日就可以放了，但他準備使用超常規的嚴刑峻法，於是下令把這十三人全部砍頭。百姓們噤若寒蟬，私下裏卻叫曾國藩「曾剃頭」——殺人如剃頭一樣。

»»» 歷·史·名·人 »»»

■趙 翼

（一七二七——一八一四）清史學家、文學家。號甌北。長於史學，考據精賅。論詩主「獨創」，反摹擬。五、七言古詩中有些作品，嘲諷理學，隱寓對時政的不滿。所著有《二十二史札記》、《陔余叢考》、《甌北詩鈔》、《甌北詩話》等。

■愛德華·詹納

（Edward Jenner，一七四九——一八二三）英國內科專家。改進和普及預防天花的疫苗方法：接種牛痘，拯救無數人的生命。

上海的鐵路 2

上海的鐵路 3

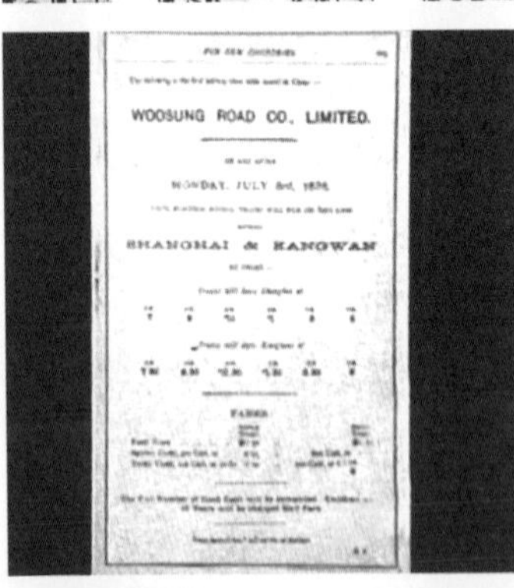

WOOSUNG ROAD CO. LIMITED.

MONDAY, JULY 3rd, 1876,

SHANGHAI & KANGWAN

FARES.

中國第一張鐵路時刻表 上海的鐵路時刻表

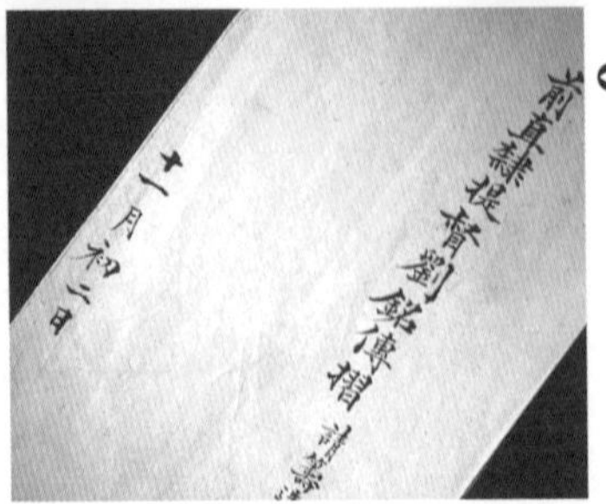

劉銘傳《請籌造鐵路》的條陳

八七五年底，英國人打著「供車路之用的鐵器」的名義，運進鋼軌和機車，上海的官員並沒有阻止這些從未見過的「鐵器」，但是誰也沒有想到，後來他們竟爲此付出了巨大的代價。

一八七六年八月，紫禁城收到了從上海傳來的消息，在英國人修建的淞滬鐵路上，火輪車軋死了一個行人，當地的百姓群情激奮。

老佛爺對宣武門鐵路的態度使清朝的大臣們對鐵路充滿了恐懼。當時總理各國事務衙門的李鴻章深知事態的嚴重，急忙將這個情況上奏給了西太后慈禧。十九世紀七〇年代開始，英法等國家對中國鄰邦和邊疆地區加緊侵略，使中國出現了嚴重的邊疆危機。動盪的局勢使慈禧覺得洋人是萬萬得罪不起的，但她還是做出決定：拆除淞滬鐵路！在拆上海這條鐵路的時候，是花了28.5萬兩白銀將它贖回，然後拆掉的。

隨著洋務運動的興起和不斷深入，一些大臣的態度，發生了改變。一八八〇年，窺視中國已久的俄國開始對中國採取行動，不斷在中國邊境滋事，中俄邊境吃緊。四面楚歌的清廷急召一名淮軍將領商議軍事，他就是曾任直隸提督的劉銘傳。

劉銘傳到達京師後，連夜趕寫了一個條陳，他認爲俄國在東、西、北三個方向與中國接壤，是中國的心腹之患。俄國從歐洲開始造鐵路，一旦達到了一定的規模，必然向中國發起大規模的進攻。

他認爲修造鐵路是當務之急的事情，因爲鐵路有利於商業、礦產業，更爲重要的是它在軍事交通上的巨大作用。這份《請籌造鐵路》的條陳是中國第一個請求修建鐵路的建議，在軍事上對清政府修建鐵路提出了請求。

這份奏摺被連夜送進了宮中，紫禁城裏的慈禧太后並沒有休息，她正在爲中俄邊境的局勢而擔驚受怕。就在這天晚上，慈禧看到了一種與衆不同的抗敵策略，然而害怕戰爭更害怕鐵路的慈禧並沒有採納劉銘傳的建議。

劉銘傳的建議雖然沒有被採納，但以

歷·史·典·故

逼封萬歲

太平天國定都南京後，出現一派大好形勢。不想，一八五六年八月的一天，東王楊秀清忽然又被「天父」附體，「召來」洪秀全聽旨。洪秀全只得跪下聽「天父」言。「天父」楊秀清責問洪秀全他楊秀清的功勞大不大，洪秀全承認有非凡軍事才能、領導才能的東王楊秀清功高蓋世，楊秀清便說：「既如此，爲何你稱萬歲，而東王只稱九千歲呢？」洪秀全只得答應也稱東王爲萬歲，並答應舉行隆重加封儀式。楊秀清逼封萬歲，終成爲天京內亂的導火索，楊秀清終倒在了內亂的血泊中。

同歸於盡的壯舉

甲午海戰中，致遠號管帶鄧世昌看艦上彈藥已經用盡，艦體已多處中彈，處於飄搖之中，又見日本主力艦吉野號駛來，鄧世昌就號召大家慷慨就義，以致遠號撞沉吉野號，以同歸於盡的壯舉報效國家。他親自掌舵全力衝向吉野號，吉野號狼狽奔逃。不幸的是，吉野號發射的魚雷擊中致遠號，使致遠號爆炸沉沒，連同那全艦二百名英勇將士。

歷·史·名·人

■蒲松齡

（一六四〇—一七一五）小說家。蹭蹬科場多年。到六十多歲，才放棄仕途幻想。從中年開始，他一邊教書一邊寫作《聊齋志異》。他還存有相當數量的詩、詞、文、俚曲等，今人編爲《蒲松齡集》。

■萊布尼茲

（Gottfried Leibniz，一六四六—一七一六）德國數學家、物理學家和哲學家。和牛頓共同奠定微積分學。曾討論過負數和複數的性質。引入行列式的概念。還創立符號邏輯學的基本概念和二進位，爲電腦的發展奠定基礎。

清東陵

篤信佛教的慈禧

李鴻章視察唐胥鐵路

唐胥鐵路上馬拉著車廂行進

李鴻章爲代表的洋務派並沒有放棄，開平煤礦的建立給他們修建鐵路提供了機會。開平煤礦誕生於洋務運動中，它是中國第一個大型機械化開採的煤礦。開平煤礦的創建帶動了清末中國礦產業的大發展。而隨著煤炭產量的增加，對交通運輸也提出了更高的要求。中國土地上的第三條鐵路就在這個時候開始醞釀。

爲了把唐山的煤運到天津，清政府派李鴻章修築運河，但當運河修到唐山豐南市郊區的胥各莊的時候停下來了，因爲唐山的地勢要比胥各莊的高，不能將運河水引到唐山，胥各莊就成爲了一個斷口，這給了李鴻章一個很好的機會。在他的默許之下，胥各莊到唐山改爲修建鐵路。

但是李鴻章沒有想到，唐胥鐵路的修建，在紫禁城裏引起了一場軒然大波。兩江總督劉坤一以鐵路妨礙民生爲理由加以反對。接著又有大臣提出了鐵路有「資敵」「擾民」「失業」三大弊端，認爲鐵路不僅會破壞風水，妨礙老百姓的生活，還會使洋人佔了便宜。雖然這

五龍亭旁的石平橋

些都是發展鐵路確實面臨的挑戰，但那些大臣們卻沒考慮到鐵路給中國發展帶來的積極因素。越來越多的奏摺展現在慈禧的面前，越來越多的反對修路的聲音進入到慈禧的耳朵裏。

雖然老佛爺已經開始慢慢地接受西洋事物的薰陶，但是畢竟她沒有親眼見過鐵路和火車的樣子。在慈禧的腦海裏，鐵路的樣子變得越來越可怕。每當她猜想火車發出的聲音時，就會想起鴉片戰爭中洋人的隆隆槍炮聲。慈禧越發地覺得鐵路危及了滿清王朝的統治。於是她頒布懿旨：停辦鐵路！

令楊乃濟費解的是，既然慈禧政府對鐵路持否定的態度，後來爲什麼還要在北海修建鐵路呢？這條鐵路眞的存在過嗎？一百多年後，第一歷史檔案館裏的史料慢

»»» 天·工·開·物 »»»

清代金銀器

清代金銀器工藝繼元、明之後有了新的發展，其社會功能更加多樣化，使用範圍進一步擴大，器形、圖案也有很大變化。乾隆時期的金銀器，其製作工藝有範鑄、掐絲、焊接、點翠等，並綜合了起突、隱起、陰線、陽線、鏤空等各種手法。還出現了在金銀器上點燒透明琺瑯或以金掐絲塡燒琺瑯的新工藝。這種金銀與琺瑯相結合的複合工作，在清養心殿造辦處金玉作和廣州地區非常盛行。

清代玉器

清代選擇玉料最精，玉器品種尤多，紋飾繁縟，做工精良。「山子」的雕琢爲其一大特點。清初受戰爭影響，玉器業凋零，經康熙幾十年太平，漸復元氣，乾隆一朝，社會安寧，經濟發達，加之乾隆本人喜玉，故玉器業又興旺起來，超過歷史上任何一個時期的水準。現存清代玉器，以乾隆一朝精品最多。

»»» 歷·史·名·人 »»»

■納蘭性德

（一六五五—一六八五）詞人。滿洲正黃旗人，大學士明珠長子。自幼好讀書，與陳維崧、朱彝尊等眾多名士相交往，落拓之士得其力者甚多。其詞「純任性靈」。有《通志堂集》、《納蘭詞》。

■讓—雅克·盧梭

（Jean-Jacques Rousseau，一七一二—一七七八）法國啓蒙主義思想家、哲學家、教育學家、文學家。其思想是法國大革命的理論基礎。著作有《社會契約論》、《懺悔錄》、《愛彌爾》等。

開灤煤礦（原開平煤礦）

慢地理順著楊乃濟的思路。楊乃濟預感到，如果這條鐵路存在的話，那麼它將在中國早期鐵路發展的歷史中具有非常微妙的意義。而此時一個清代官員的日記，又給楊教授提供了新的線索。

楊乃濟在《翁同龢日記》裏找到了關於這條宮廷鐵路的更進一步的記載：

開平煤礦早期資料

「光緒十四年十一月初六日，李鴻章以六火輪車進呈，五輛送到了火器營，一輛送到了太后那裏，現在北海的鐵路已經修成。」這段記載對於楊乃濟來說非常重要。

一九八二年楊乃濟來到了中海和北海尋找鐵路的遺跡，希望能夠獲得更爲確鑿的證據。

慈禧晚年照片

在北海西岸楊教授發現了一個土堆，他初步確定這些土堆就是當年修鐵路時挖土方所剩下的。另外在五龍亭以西、極樂世界以南還有一段花崗石砌築的石平橋，以前並沒有這段石平橋的記載，在北海裏爲什麼會出現這些沒有記載的事物呢？

唐山豐南市胥各莊的鐵路

這可能是因爲這條鐵路需要在那兒拐彎（修建的鐵路拐彎得有一定的回轉半徑），在這裏一拐大彎就要從河上走了，所以必然要修一條橋。

在北海北岸的鏡清齋前還有一座石砌碼頭。楊乃濟推測，這也是當年鐵路的遺跡。如果這種推測屬實的話，他就可以初步判斷，這條鐵路曾經過了北海的西岸和北岸。

鐵路的遺跡僅僅是現實中楊乃濟的推測，是否準確還需要史料進一步證明。專門記載清代歷史的《清史稿交通志》對上海的淞滬鐵路等都有詳細的記載，對這條宮苑鐵路卻是一個字都沒有提到。在第一歷史檔案館中關於這條鐵路的記載幾乎都被楊乃濟翻遍了，沒有任何新的進展，查找工作似乎走到了盡頭。

一九八二年春節過後的一天，一個念頭突然在楊乃濟的腦海中閃過：西苑鐵路屬於工程建築，有沒有可能在清朝專門用於記錄工程情況的輿圖中找到線索呢？這個一閃而過的想法令他有了一個重大的發現。

楊乃濟從輿圖目錄上發現了有兩張圖，一張圖是北海的鐵路的走向，一張圖是中南海的鐵路和一個車庫，畫得很清楚，而且圖上有很詳細的貼說，把這裏所有的工程跟鐵路的走向、長度都寫得一清二楚。

《北京中海福華門內修造車塲、鐵路尺

天·工·開·物

清代瓷器

其造型按用途有飲食、盛器和日常用具類；陳設及玩賞品類；文具和娛樂用品類；以及仿古禮器、祭祀器皿和宗教所用各種法器類等。其裝飾主要是彩繪，特別是各種釉色地加彩繪的綜合裝飾。清代瓷器的青花、釉裏紅、五彩、粉彩和鬥彩各個品種，都是利用不同的色料繪製各種圖案畫面，以增加瓷器的美觀。分兩類：一類爲單純紋樣，如康熙時盛行冰梅紋，乾隆時粉彩上風行鳳尾紋；另一類是以花卉、花鳥、山水、人物故事等爲主題的圖案畫面。此外還廣泛出現了以寓意和諧音來象徵吉祥的圖案。

歷·史·名·人

■吳敬梓

（一七〇一—一七五四）清代文學家。少年時生活優裕，受到良好教育。二十三歲後父亡，遺產遭族人侵奪，對仕途失去興趣。其作品《儒林外史》風格寫實，對科舉大力抨擊，揭示封建制度對人才的摧殘。

■倫哈特·歐拉

（Leonard Euler，一七〇七—一七八三）瑞士數學家、物理學家。對哥尼斯堡七橋問題的解答開創了圖論的研究。還發現凸多面體頂點數v、稜數e、面數f之間總有v-e＋f=2這個關係，成爲拓撲學的基礎概念。

寸圖樣》是一張上南下北的地圖，它描繪了中海西岸，紫光閣以東的一段短路和車庫的方位。地圖上標注這段鐵路爲活鐵路。所謂活鐵路也就是用的時候安裝，不用的時候可以拆掉的鐵路，因爲在當時這附近還有其他車馬通行。這條活鐵路由南向北經過中南海的福華門，然後通過陽澤門進入到北海。進入到北海之後的鐵路全部都是施工興建的固定鐵路。

鐵路沿著第二張圖繼續向北延伸，《北京北海至中海鋪修鐵路圖樣》描繪了通過中海和北海的鐵路全線，是該項鐵路的設計總圖。貼有紅色貼說的地方是鐵路的沿線和車塢。從圖上可以了解這條鐵路全長四百七十二丈，約合三華里。因爲位於北海和中海之間，這些區域又合稱爲西苑，所以人們把這條鐵路叫做西苑鐵路。

在整個鐵路經過的北海西岸和北岸還修建了一些路基工程。如開刨土山，添修石平橋等。這張圖紙也證明了楊乃濟當初根據北海遺跡的推測是完全正確的。

清光緒十四年，也就是一八八八年的冬天，北京紫禁城以西的太液池西岸，開工興修了一條鐵路。

北海北岸的鏡清齋前的石砌碼頭

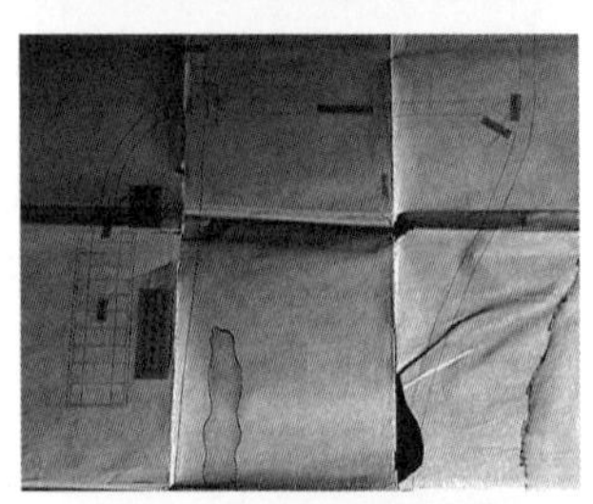
北京北海至中海鋪修鐵路圖樣

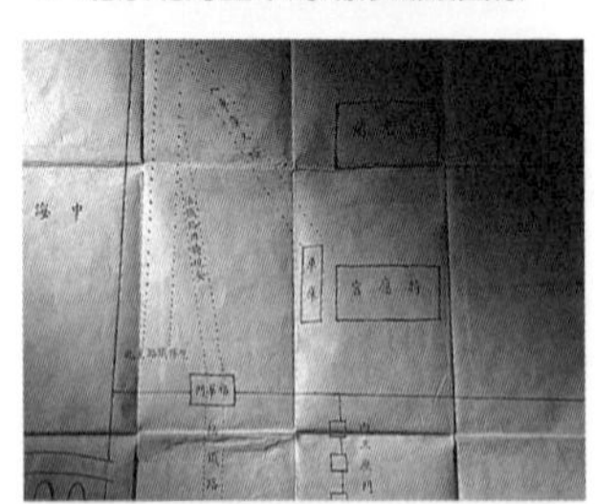
北京中海福華門內修造車塢鐵路尺寸圖樣

西苑鐵路走向圖

這條鐵路從中南海紫光閣的車庫出發，一路北進，穿過福華門，離開中南海進入陽澤門後，沿北海西岸向北，到達極樂世界後轉向東，到鏡清齋前的碼頭而到達終點。

故宮西華門徑直向西就是中海，近一個世紀之前的一天早晨，如同往常一樣，西華門慢慢地被打開，一行人簇擁著老佛爺不急不徐地向中海走去。

西苑鐵路雖然不是北京的第一條鐵路，但卻是慈禧第一次見到的鐵路。它行駛於宮苑禁地，當然與老百姓的商旅交通無關，但當時一些出入內廷的王公顯貴，也都借此開了眼界，知道火車不是怪物，它的行駛速度和運載量都是人力畜力拉運所無法比擬的。這也正是以李鴻章爲首的修路派想要達到的目的。他們深知在鐵路能否修建的問題上，只有一個人可以拍板定奪，那就是慈禧。他們給慈禧修建了一條小鐵路，供她賞玩，想通過這種方式博得老佛爺對鐵路的青睞。李鴻章所修的鐵路正投了慈禧的脾氣，她倒催促李鴻章抓緊興建西苑鐵路，爭取及早通車。當慈禧的腳第一次踏上火車的時候，時隔宣武門鐵路被拆除，已經二十三年。

在中國封建社會中，很多新事物都是在統治者的遊戲中誕生的。中法戰爭結束之後，清朝官員們總結戰爭經驗，清醒的官員們深知西洋武器在這次出乎意料的勝利中發揮的重要作用。老佛爺坐車遊覽北海風光，大臣們也不失時機地趁老佛爺心情好的時候，把自己的奏摺拿給她看，希望能夠得到老佛爺的准許。而此時，一些大臣們也開始謹愼地將請修鐵路的奏摺呈給西太后慈禧。

在慈禧對鐵路態度開始轉變的情況下，一個強有力的人物，光緒帝的生父，醇親王奕譞以總理海軍衙門事務親王大臣的身分上奏，直接向慈禧陳說鐵路的好處，讓她表態。慈禧在上諭中也不得不對奕譞的上奏加以肯定。她在懿旨中說道：「奕譞的奏章，觀點是非常精詳的，情詞懇切，對於其他人似是而非的論點，能夠給以

奕環

很好的剖析。」慈禧還將這個奏章發給曾國藩、張之洞、劉銘傳等人，並且命令他們各抒己見，迅速覆奏。

光緒十五年，也就是一八八二年的八月，光緒帝親政以後發出上諭，正式委派李鴻章、張之洞會同海軍衙門「妥籌開辦鐵路」，從此，修路便大張旗鼓地展開。

這是位於開灤煤炭集團唐山煤礦的「達道」牌，它修建於光緒二十五年。「達道」取的是通達道路的意思，從清末保留至今，它已成爲了准許鐵路發展的見證之一。一八八八年秋，李鴻章將胥各莊到天津的鐵路貫通，完成了東起唐山，西至天津的唐津鐵路，全線一百三十公里通車。此後，以北京爲中心，通往全國東西南北的四大幹線也先後興工並通車運行。

<2> 尋找「中國製造」的火車頭

一八六一年，中國出資修築了自己的第一條鐵路——唐胥鐵路，而中國是什麼時候製造了自己的第一輛蒸汽機車，到如今還是一個謎。

這是一本羊皮裝裱的帳本，現存於開灤集團檔案館，長將近一米，寬0.3米，重三十斤，是中國近代工業最早的正規分類帳本。在開灤集團檔案館裏，這樣的帳本一共有十六本。在這些帳本裏記載著中國第一個近代機械化開採的煤礦——開平煤礦的帳務情況。唐胥鐵路修建時，這些帳本剛剛開始記錄。

0號機車

十九世紀七〇年代後，隨著「洋務運動」的興起，中國大陸上出現了採用西方技術和機器設備進行開採的煤礦。由於開平煤礦開創了機器開採的先河，它的創立成爲了中國土法採煤與近代採煤的一道分水嶺。

從一八七八年到一八八一年期間，全國近代工業對煤炭的需求不斷增加，開平煤礦的產量也不斷提升。爲了運煤，在開平煤礦所在的唐山和胥各莊之間鋪設了唐胥鐵路。而據史料記載，一八八一年由中國工人自己組裝的第一輛蒸汽機車就誕生在這條鐵路上。

在大同機車車輛廠內有一座蒸汽機車陳

歷·史·名·人

■曹雪芹

（約一七一五—約一七六三）清代文學家。名繪，別號雪芹。作品《紅樓夢》以愛情故事爲中心線索，寫賈寶玉和一群紅樓女子的悲劇命運，包含作者自身的家族和個人背景，以及對人生的認識。

■列夫·托爾斯泰

（一八二八—一九一〇）俄國作家。貴族出身。曾試圖解放農奴。長篇小說《戰爭與和平》、《安娜·卡列尼娜》描繪俄國現實生活。其作品對世界文學影響甚巨。著作還有《復活》等。

列館。隨著全國大部分蒸汽機車被內燃機車和電力機車所替代，一些蒸汽機車便被送進了這座大同蒸汽機車陳列館。這裏收藏著中國各個時期鐵路發展的珍貴文物，其中最爲著名的就是0號機車。0號機車，因爲車身上有個「0」的標誌而得名，它最初運行於唐胥鐵路上，退役後存放於唐山機車車輛廠，一九七六年唐山地震時它受到了破壞，經過修整送到大同機車陳列館。0號機車是現存的中國最古老的機車，而且有人認爲，它是中國自己組裝的第一輛蒸汽機車。

中國工人組裝的第一台蒸汽機車

大同蒸汽機車陳列館的館長許宏佩，原任大同機車廠的總工程師，一九五四年畢業於上海交通大學，是新中國的第一批蒸汽機車設計者，對蒸汽機車有著深厚的感情。在中國第一輛蒸汽機車的找尋上，多年來他做著仔細而認眞的研究。根據搜集的資料和對唐山地區的調查，他認爲0號車就是中國的第一輛蒸汽機車。

對於許宏佩的這種觀點，有人持不同的意見。其中之一就是原任唐山機車車輛廠副總工程師的閻存盛。因爲0號機車在一九七六年唐山地震之前一直停放在唐山機車廠，閻存盛就像熟悉老朋友一樣熟悉這台車。

一八八一年在修築唐胥鐵路的同時，開平礦物局在胥各莊設立了機車修理廠，這就是現在的唐山機車廠的前身。記載中的第一台機車，就是在這個工廠誕生的。這張工廠檔案館裏保留的照片，是所能見到的0號機車最早的照片。

唐山煤礦的達道牌

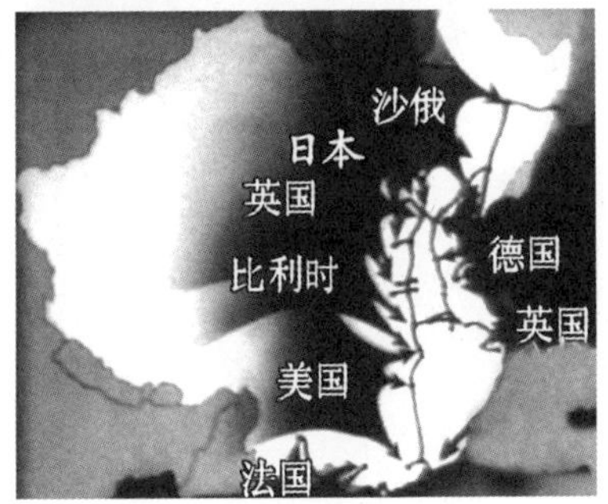

外國列強在中國修建的鐵路地圖

胥各莊修理廠建廠之初車間簡陋，只有幾十名中國工人和外國工程師，在這種情況下能製造出0號機車嗎？

0號機車的車身上已經沾滿了塵土，但經過仔細的清理之後，閻存盛還是在車輪上發現了一些線索，這些線索似乎可以證明這輛機車是外國進口的。車輪是機車的一個重要零件，在蒸汽機車誕生的初期，很多機車製造廠就把一些標誌性的文字鑄造在車輪上。這些標記可以爲研究蒸汽機車的歷史提供一定的依據。在0號機車的四個車輪上都有英文標記，仔細辨認可以發現，四個輪子上的字母是相同的。

取樣之後，閻存盛可以辨認清楚的只有第一個英文單詞「steel」，意思是鋼。這些文字也許記錄了這輛機車的生產廠家和生產日期，也許記錄了機車的主要材質。但由於其他文字都看不清楚，也就不能做出進一步的推斷。而英文標記本身是不是就可以說明一定的問題

舊中國鐵路機車

呢？閻存盛是不是可以依靠這一點，推斷這台機車是從外國進口的呢？結論很難得出，因爲0號車曾經經歷了一次重大的災難。

一九七六年七月二十八日唐山市遭受了芮氏7.6級的大地震，當時就在唐山市區的機車廠裏的0號機車也遭受重創。而在那之後，0號機車很有可能被更換了輪子等重要的零件。0號機車到底是不是中國的第一輛蒸汽機車呢？

唐山機車廠的一份廠誌記載了0號機車的準確身世，它是一八八二年從英國購進的。0號機車，這台中國現存最古老的機車被排除了可能性。還會有哪台機車參與第一的競爭呢？

中國人自己生產的第一台蒸汽機車，有兩個名稱，一個名稱叫中國火箭號，另外一個名稱叫龍號。而龍號機車是在一八

童年時代詹天佑

在耶魯大學畢業時的詹天佑

修建京張鐵路時的詹天佑

八一年唐胥鐵路釘下第一顆道釘的時候，就開始生產了。

在唐胥鐵路修建的同時，中國工人憑當時總工程師金達的幾份設計圖紙，組裝了第一台蒸汽機車，這是一八八一年《英國領事商務報告》中對中國第一輛蒸汽機車的記載。北方交通大學教授徐文述認爲龍號機車就是記載中的那台機車。

這張拍攝於二十世紀初的龍號機車照片有一段英文注解，它標明了：唐胥鐵路上的第一輛車和最新生產的一輛車。第一輛車指的是龍號機車，它就理所當然的是中國第一輛蒸汽機車嗎？

金達所著的《中國鐵路發展史》中描述了第一台車的情況：鍋爐是一個輕型捲揚機改造的，車架子則是用槽鐵做成的，車輪是用礦井上推煤車的車輪改造的。

於是閻存盛認爲，如果龍號機車是眞正用礦山機械改造的機車，它就是第一台機車。

雖然開平煤礦已經有一百多年的歷史，但據這裏的老工人介紹，與過去相比，唐山礦的景象並沒有發生多大的變化。看著這些廢舊的礦山機械，閻存盛猜想著一八八一年中國礦工們改造第一輛蒸汽機車的情形：憑藉當時一些極其簡陋的礦山機械，再加上工人們鐵錘的敲打，就

»»» 歷·史·名·人 «««

■鄭燮

（一六九三—一七六五）清代畫家。號板橋。受石濤、八大山人影響，又發揮獨創精神，爲「揚州八怪」之一。畫以竹、石、蘭蕙爲最工，書法獨創一格，名「六分半書」。作品有：《修竹新篁圖》、《清光留照圖》等。有《板橋文集》。

■約翰·塞巴斯蒂安·巴哈

（一六八五—一七五〇）德國作曲家，是第一個把各國不同風格的音樂成功糅合在一起並加以豐富的人。對音樂藝術的發展和貢獻，爲他贏得「音樂之父」美譽。其作品成爲歷代作曲家崇拜和學習的榜樣。

■梅文鼎

（一六三三—一七二一）清代天文學家，數學家。二十七歲起開始學習數學、曆法，終身潛心學術。一生博覽群書，著述八十餘種。後人將其曆法、數學著述彙爲《梅氏叢書輯要》。

■以撒·牛頓

（Isaac Newton，一六四二—一七二七）英國最偉大的科學家、數學家。以牛頓三大運動定律爲基礎創建牛頓力學；發現萬有引力定律；創建行星定律理論的基礎；致力於三稜鏡色散之研究並發明反射式望遠鏡；發現數學的二項式定理及微積分法等。

誕生了中國的第一輛蒸汽機車。雖然它行駛起來沒有現在的機車那麼氣勢雄偉，但它拉響的第一聲汽笛是工人們心中最好聽的聲音。那台車眞的就是龍號機車嗎？

京張鐵路 1

有人認爲中國工人生產的蒸汽機車就是這個龍號機車，它的另外一個名字叫「中國火箭號」。「中國火箭號」這個名稱是哪兒來的呢？是當時唐胥鐵路總工程司伯利·伯萊特他的夫人爲了紀念英國有名的蒸汽機車火箭號，把這台機車命名爲「中國火箭號」。而這台機車恰恰就在它的機車兩側用黃銅板刻製的龍這個標記。

這台存放在唐山機車廠的龍號機車，是按照歷史照片做的一個仿眞模型。龍號是不是中國工人自己組裝的第一輛蒸汽機車呢？龍號車身上的標記讓人產生了懷疑：當時清朝政府把火車看成是怪物，怎麼會允許在車身上出現龍的標記？清朝的礦工也不敢使用這種象徵著皇權的標誌。

龍號完備的配件同樣使閻存盛覺得這台車不是由礦山機械改造的，而且這是一台有六個輪子，三個車軸的三軸機車。

日本人所著的《支那鐵道概論》對唐胥鐵路和第一輛機車也有記載，記載中說：在唐胥鐵路上行駛了一台奇形怪狀的四輪機車。這也更加證明了六個輪子的龍號車不是眞正的「中國火箭」號，龍號也被排除了可能性。

雖然龍號和0號不是中國工人自製的第一輛蒸汽機車，也不一定都是中國生產的，但它們都曾在開灤煤礦的鐵路上奔馳。作爲十九世紀最先進的交通工具，也都爲中國早期的礦業發展發揮過重要的作用。當年，開平礦務局的煤炭就是通過這些機車運送到江南機器製造局，運送到北洋海軍新式的艦艇炮船上，運送到全國各地。

關於第一台蒸汽機車的爭議一直持續著，直到閻存盛在幾年之後有了一個新的發現。

一九九二年九月的一天，閻存盛再一次來到了唐山機車車輛廠檔案館。在這裏他希望能夠查找到一些新的線索。

在臺灣出版的《中國鐵路創建百年史》上有一張標爲「中國第一輛蒸汽機車」的照片。雖然這台車有一些礦山機械改造的痕跡，但怎麼能確定它是唐胥鐵路上製造的機車呢？通過仔細觀察，閻存盛從一些細節上獲得了特殊的信息。

照片上的機車車身上沒有司機室，有兩個工人在露天作業，他們的衣著就和過去露礦工人打扮差不多，上身是短棉襖，下身是肥襠褲，腳上紮的是紮腿布。短棉襖、肥襠褲、紮腿布這正是當時礦工的形象。

雖然初步判斷這張照片上的機車是唐胥鐵路上的一輛蒸汽機車，但據唐山機車廠檔案館裏的資料記載，在一九一〇年之前胥各莊修理廠生產的蒸汽機車就有二十二台。如何來確定這張照片上的蒸汽機車就是一八八一年製造的中國火箭號，就是中國工人自己組裝的第一輛蒸汽機車呢？

閻存盛認爲，把這台機車的主要零件

»»» 歷·史·名·人 »»»

■鄒伯奇

（一八一九—一八六九）清代科學家。精通天文地理，於道光二十四年繪製完成了當時最具權威的中國地圖：《皇輿全圖》，使中國落後的地圖繪製技術有了很大的提高。他研製的「攝像器」，是中國第一架照相機。

■查理·達爾文

（Charles Robert Darwin，一八〇九—一八八二）英國博物學家、生物學家，進化論的奠基人。乘「貝格爾」號艦歷經五年的環球航行。一八五九年發表了劃時代的巨著《物種起源》，這一事件標誌著進化思想在人類文明史上的眞正確立。

與礦山機械聯繫起來是一個關鍵步驟。他在照片裏發現，這台機車的鍋爐和專用火車鍋爐不一樣，它的鍋爐上有蒸汽機，因爲鍋爐馱著蒸汽機，礦工們給它起了一個形象的名字——鍋駝機。而鍋駝機是礦井上的捲揚機和風機的主要零件。這正符合中國火箭號的設計者金達所做的記載。而另外一個重要零件——機車的車架子在礦山機械中也可以找到。

京張鐵路 2

京張鐵路上的機車

照片上的機車是由運煤車的車輪、豎井的井架子和煤礦上用的鍋駝機，三者結合組裝起來的。與龍號和0號機車相比，這台機車更粗糙，更接近於礦山機械改造。閻存盛將照片還原到圖紙上，並對每一個零件進行標注和研究。他發現，這台機車雖然粗糙，而且在機械原理上要遠遠落後於現代完備的機車，但是它卻具有一個成型蒸汽機車所應具備的所有零件，而且每一個零件都具有實用性。

閻存盛猜想，這台在現代人眼裏奇形怪狀的蒸汽機車，最初出現在開平煤礦的鐵道線上時，並沒有引起人們太大的恐慌。每天來礦上上工的礦工們對這台機車並不陌生，因爲它就來自於工人們的身邊。車輪是推煤工人小車上的車輪，車架子是礦工們天天上下井時所看到的井架子。而就是這台機車每天將工人們挖出的煤運出礦區。

開平煤礦，中國蒸汽機車早期發展的搖籃，是這裏的煤炭和鐵路線孕育了中國的第一輛蒸汽機車。在這裏，礦工們雖然沒有創造出像0號和龍號那樣的奇蹟。但完全利用礦山機械改造的機車是中國工人創造的一個更偉大的奇蹟。

0號蒸汽機車，中國現存最古老的蒸汽機車，一八八二年從英國北英機車公司進口，在唐山地區服役九十四年；龍號機車，不知是何時何地生產的三軸機車；而閻存盛所關注的這台奇形怪狀的機車，是已知的最接近於「中國火箭」號的機車，但它眞的就是最終的答案嗎？

一九〇九年詹天佑主持修建了中國人眞正意義上的第一條鐵路——京張鐵路

一九五二年中國自行設計和製造了第一輛蒸汽機車「八一建軍」號

一九六八年南京長江大橋建成

一九九五年京九鐵路全線貫通

二〇〇二年中國鐵路總里程數已超過六萬八千公里

滿清帝國的統治持續了將近二百七十年，十九世紀末，在西方堅船利炮的打擊下，中國經歷了一段屈辱的歷史。然而，西方先進的觀念和技術也被引入了中國。

儘管鐵路和蒸汽機車在引入中國的過程中經歷了很多挫折，但這並沒有阻擋中國工業化發展的腳步。

歷・史・大・事・年・表

西元1206年	蒙古各部首領推舉鐵木真為大汗，號稱成吉思汗，一個軍事封建政權建立起來。
西元1207年	韓侂胄被殺，宋以其首級送金請和。
西元1208年	宋金和議，宋納歲幣銀三十萬兩、絹三十萬匹，犒軍錢三百萬兩。
西元1227年	蒙古滅西夏。西夏共存在一百九十六年。
西元1229年	窩闊台繼位。
西元1234年	蒙古與宋共同滅金，金哀宗完顏守緒自殺，金亡。
西元1251年	蒙哥繼大汗位，並開始大規模進攻南宋。
西元1259年	蒙哥死於軍中。
西元1260年	忽必烈即位。

西元1271年	忽必烈稱帝、建國號為元，都燕京，改名為大都，是為元世祖。
西元1273年	元軍破樊城、襄陽。
西元1273年	《農桑輯要》編成。
西元1274年	忽必烈下詔，大舉滅宋。
西元1276年	元軍入臨安、俘虜宋恭宗趙顯及太后。陸秀夫、張世傑擁立趙昰為帝。
西元1277年	在泉州、慶元、上海、澉浦四地始設市舶提舉司。

西元1278年	趙昰死，陸秀夫、張世傑擁立趙昺為帝。
西元1278年	堅持抗元的文天祥被俘虜。
西元1279年	大軍攻克崖山，陸秀夫抱帝趙昺投海死，張世傑戰死。南宋滅亡。
西元1280年	元頒行郭守敬曆法《授時曆》。
西元1281年	設蒙古國子學。

歷・史・大・事・年・表

西元1287年	乃顏在漠北叛亂，敗。設國子監。與緬國建朝貢關係。
西元1292年	通惠河修畢，使貫通南北的大運河完成。
西元1294年	忽必烈去世，其孫鐵穆耳即位。
西元1299年	約翰．孟脫考兒維諾在大都建立天主教堂。

西元1307年	鐵穆耳死，元朝廷內部矛盾加劇。馬端臨完成《文獻通考》。
西元1313年	王楨《農書》完稿。
西元1316年	郭守敬逝。
西元1331年	《經世大典》編成。

西元1333年	權臣燕帖木兒死，妥歡帖睦爾即位，任伯顏為右丞相。
西元1340年	伯顏因專權被罷。
西元1341年	任以脫脫為右丞相。

西元1344年	黃河氾濫，決白茅堤、金堤。
西元1345年	官修《宋史》《遼史》《金史》完成。

西元1349年	汪大淵《島夷志略》完成。
西元1351年	任賈魯為工部尚書、總治河防使，徵民工修治黃河。韓山童發起紅巾軍起義。各地起事不斷。徐壽輝攻佔蘄水稱帝，建國號天完。

歷・史・大・事・年・表

西元1354年	張士誠佔據高郵，稱誠王，國號大周。
西元1355年	劉福通擁立韓山童兒子韓林兒稱帝，國號宋，都亳州。
西元1356年	朱元璋攻下集慶，改名為「應天府」，建立了根據地。

西元1359年	元將察罕帖木兒攻陷汴梁，劉福通、韓林兒撤向安豐。
西元1360年	陳友諒殺徐壽輝稱帝，改天完國號為漢。
西元1363年	劉福通死。朱元璋大敗陳友諒。
西元1364年	陳友諒子陳理投降朱元璋。

西元1366年	韓林兒被朱元璋部將所殺。
西元1367年	朱元璋發布討元北伐檄文。是年朱元璋捕獲張士誠，迫降方國珍。
西元1368年	朱元璋稱帝，定國號明，都應天府，是為明太祖，明軍攻佔大都，元亡。

西元1370年	朱元璋實行分封制，封諸子為各地藩王。朱元璋開始實行「設科取士」的科舉制度，考試內容以《四書》《五經》為主，文體為八股文。
西元1371年	朱元璋全面考核大小官吏，處死大批貪官污吏，開始了其嚴酷的懲治腐敗行動。
西元1380年	朱元璋殺左丞相胡惟庸，廢丞相職位，撤中書省，中央六部由皇帝掌握。

歷・史・大・事・年・表

西元1381年	明政府編造《黃冊》，據以分派賦役。
西元1385年	大貪污案「郭桓案」發生。被殺官員幾萬人。
西元1393年	藍玉入獄，朱元璋殺藍玉及黨羽、親屬1.5萬多人。

西元1398年	朱元璋死，孫朱允炆即位，即建文帝。
西元1399年	朱元璋子燕王朱棣以「清君側」為名起兵。
西元1402年	燕王帶兵破京師，建文帝死。燕王朱棣即皇帝位，即明成祖。
西元1403年	朱棣改北平為順天府。明成祖在東北地區設建州左衛。

西元1405—1433年	鄭和七次下西洋，經過三十多個國家和地區，比歐洲航海家遠洋航行早半個多世紀。
西元1407年	《永樂大典》編成，共22937卷，11095冊。

西元1411年	明派軍駐防庫頁島。疏通京杭大運河。
西元1420年	明在北京設置「東廠」。以後又設置「西廠」。「兩廠」與「錦衣衛」，都是明政權的特務機構。
西元1421年	明成祖朱棣遷都於北京。
西元1424年	朱棣病死於榆木川。子朱高熾即位，即明仁宗。

西元1425年	明仁宗死，子朱瞻基即位，即明宣宗。
西元1449年	蒙古瓦剌部首領也先率兵進攻明朝。明英宗朱祁鎮聽從宦官王振建議親征，結果全軍覆沒，明英宗在土木堡被俘，王振被護衛將軍樊忠所殺，史稱「土木之變」。

歷・史・大・事・年・表

西元1450年	郕王朱祁鈺即皇帝位，即明代宗。明英宗被也先放回，卻被稱為太上皇。
西元1457年	明代宗生病，大臣徐有貞、大將石亨、太監曹吉祥等迎英宗朱祁鎮復位，史稱「奪門之變」。于謙被殺。

西元1464年	明英宗死，子朱見深繼位，是為明憲宗。設置西廠。
西元1465年	明憲宗為于謙平反昭雪。
西元1483年	明憲宗關閉西廠，趕走太監汪直。

西元1518—1593年	李時珍在世，所著《本草綱目》是馳名世界的藥物學著作。
西元1519—1520年	寧王朱宸濠叛亂，平定後寧王被處死。
西元1528—1587年	明代抗倭明將戚繼光在世。
西元1535年	葡萄牙殖民者開始侵佔澳門。
西元1549年	明軍驅逐葡萄牙殖民者出澳門。

西元1553年	葡萄牙殖民者通過賄賂，得以在澳門居住，逐漸侵佔澳門，使之成為侵略東方的基地。
西元1565年	明世宗殺權臣嚴世蕃，削嚴嵩官職。
西元1573—1582年	張居正改革。
西元1588年	女真族首領愛新覺羅・努爾哈赤統一建州五部。

西元1590年	各地市民反對礦監、稅吏的鬥爭開始。

歷・史・大・事・年・表

西元1601年	努爾哈赤創設八旗制度。
西元1616年	努爾哈赤在赫圖阿拉即位稱汗，建大金國，史稱後金。

西元1619年	薩爾滸之戰使努爾哈赤在東北地位更加鞏固，明王朝在東北統治衰落。
西元1625年	努爾哈赤遷都瀋陽，改瀋陽為盛京。
西元1626年	努爾哈赤率軍與明軍在寧遠大戰，後全軍傷亡慘重。努爾哈赤死後，其子皇太極即位。

西元1627年	明熹宗死，弟朱由檢即位，即明思宗（崇禎帝）。崇禎帝削去權奸魏忠賢等人職位，使魏忠賢自殺。並為楊漣、左光斗等人平反。
西元1628年	戮魏忠賢屍體。

西元1628年	王嘉胤、王左褂、高迎祥等領導陝西農民起義。
西元1629年	李自成加入農民軍起義部隊。
西元1630年	張獻忠在米脂縣起義。袁崇煥被殺。
西元1636年	皇太極在盛京稱帝，後金改國號為清，是為清太宗。
西元1642年	明將洪承疇降清。明將祖大壽降清。

西元1643年	皇太極死，子福臨即位，即清世祖。多爾袞為攝政王。
西元1644年	李自成在西安建立政權，定國號大順。李自成帶兵攻入北京，崇禎帝自縊。明亡。山海關總兵吳三桂拒受李自成招撫，卻引清軍入關，使農民軍潰敗。

歷・史・大・事・年・表

西元1644年	多爾袞率清軍入北京，清世祖福臨定都北京。
西元1644年	張獻忠稱帝，國號大西，都成都。
西元1644—1662年	朱由崧在南京稱帝所建南明政權。
西元1645年	清政府下剃髮令，規定男子在十天內剃髮，否則「殺無赦」。
西元1645年	唐王朱聿鍵在福州稱帝，即南明之唐王政權。當年朱聿鍵死，桂王朱由榔在肇慶即位。李自成逝，其餘部仍堅持抗清鬥爭。
西元1645年	張獻忠被清兵射死。其部將繼續抗清。
西元1647年	清頒布《大清律》，基本內容同《明律》。
西元1650年	多爾袞死，福臨親政，撤多爾袞所有封典。
西元1650年	鄭成功佔領金門、廈門，繼續抗清。
西元1661年	鄭成功收復臺灣，並在臺灣設置府縣。
西元1662年	荷蘭總督揆一簽投降書後帶著殘兵敗將離開臺灣。鄭成功病逝。
西元1662—1722年	康熙大帝在位。
西元1673—1681年	清平定三藩。「三藩」指平西王吳三桂；平南王尚可喜；靖南王耿繼茂。
西元1678年	吳三桂稱帝，國號大周，都衡陽。當年吳三桂病死，其孫吳世璠繼位，棄衡陽，回雲南。
西元1681年	清軍攻昆明，吳世璠兵敗自盡。
西元1683年	清軍收復臺灣，鄭克塽兵敗降清。
西元1685—1686年	雅克薩之戰，沙俄軍大敗。

歷・史・大・事・年・表

西元1689年	中俄簽訂《尼布楚條約》，這是中國歷史上第一個與外國簽訂的平等條約。
西元1690—1693年	康熙帝下令對西北用兵，平定了噶爾丹叛亂。噶爾丹兵敗自殺。
西元1712年	清政府規定，以後滋生人丁、永不加賦。

公元1713年	清政府封西藏班禪喇嘛為「班禪額爾德尼」。
公元1716年	清政府開始推行「地丁制」。
公元1722年	康熙帝病逝。胤禛即位，即清世宗。

公元1722—1735年	雍正帝在位，他雖為人猜忌刻薄，但很有作為。
公元1725年	一萬卷《古今圖書集成》編成。
公元1728年	中俄簽訂《恰克圖條約》。清設置駐藏大臣。
公元1840年	喬治．義律率侵華艦隊到達中國廣東海面，封鎖珠江口。鴉片戰爭爆發。
西元1841年	英軍攻陷虎門外大角、沙角炮臺。琦善與義律訂立《穿鼻草約》，主要內容包括割香港、開放廣州、賠款六百萬元等項。清政府未予承認。英軍武力佔據香港

西元1841年	道光帝發布對英宣戰詔書，命奕山為靖逆將軍赴粵督戰。
西元1841年	英軍進犯廣州城。奕山降，擅自與英簽訂《廣州和約》，賠款六百萬兩銀元，清軍撤出廣州城六十里。三元里人民抗英。
西元1842年	道光帝任命奕經為揚威將軍；從各省抽調軍隊一萬多人，赴浙江反攻。奕經貪生怕死，連連吃敗仗，英軍佔慈溪、乍浦。

大地 中國史話系列叢書介紹

中國史話(1)
尋找失落的歷史年表
《石器時代、夏、商、西周》
(170萬年前～西元前771)
編著：中國史話編輯委員
定價：250元

中國史話(2)
唇槍舌戰的春秋時代
《東周、春秋戰國》
(西元前770～西元前222)
編著：中國史話編輯委員
定價：250元

中國史話(3)
氣吞山河的雄奇帝國
《秦、兩漢三國、魏晉南北朝》
(西元前359～西元573)
編著：中國史話編輯委員
定價：250元

大地　中國史話系列叢書介紹

中國史話(4)
塵封不住的絢麗王朝
《隋唐、兩宋、五代十國(遼、西夏、金)》
(西元581～西元1206)
編著：中國史話編輯委員
定價：250元

中國史話(6)
吶喊聲中的圖強變革
《清末、民初》
(西元1900～西元1919)
編著：中國史話編輯委員
定價：250元

國家圖書館出版品預行編目資料

三朝上演的皇權沉浮／中國史話編輯委員會編著
一一版一台北市 ： 大地出版社 2006〔民95〕
面 ； 公分. --（中國史話：5）
ISBN 978-986-7480-66-8（平裝）
ISBN 986-7480-66-X（平裝）
1.中國-歷史-元（1260-1368）-通俗作品
2.中國-歷史-明（1368-1644）-通俗作品
3.中國-歷史-清（1644-1912）-通俗作品
625.7 95020483

中國史話(5)三朝上演的皇權沉浮

編　　著	中國史話編輯委員會
發 行 人	吳錫清
主　　編	陳玟玟
出 版 者	大地出版社
社　　址	114台北市內湖區內湖路2段103巷104號
劃撥帳號	0019252-9（戶名：大地出版社）
電　　話	02-26277749
傳　　眞	02-26270895
E-mail	vastplai@ms45.hinet.net
美術設計	洸譜創意設計股份有限公司
封面設計	洸譜創意設計股份有限公司
印 刷 者	卡樂彩色製版印刷有限公司
一版一刷	2006年11月

定　　價：250元

中文繁體字版由上海科學技術文獻出版社授權出版發行